Vom Urknall zum Xen –

auf dem Pfad zum künstlichen Bewusstsein

Der Autor

Hermann Roland Bolz, 1952 in Kaiserslautern geboren, erlebte dort eine glückliche Kindheit und Jugend. Angeregt durch seinen flugbegeisterten Vater widmete er sich schon früh dem Modell-, und hierauf aufbauend bereits mit 14 Jahren dem Segelflug, welchen er auch heute noch als Vereinsfluglehrer betreibt.

Nach dem Abitur verpflichtete er sich für zwei Jahre bei der Bundesluftwaffe. Sein Wehrdienst war überschattet von den dramatisch-tragischen Ereignissen um die israelische Olympiamannschaft, welche er als stellvertretender Wachhabender im Jahre 1972 auf dem Fliegerhorst Fürstenfeldbruck unmittelbar erlebte, und die ihn in seiner Lebenseinstellung nachhaltig prägten.

Anschließend studierte er Forstwissenschaften in Freiburg im Breisgau. Sein hieran anknüpfender beruflicher Lebensweg umfasste zahlreiche Stationen inner- und außerhalb der Forstverwaltung von Rheinland-Pfalz. So war er nach dem Fall des Eisernen Vorhangs als Amtshelfer in Thüringen, als Verwaltungsmodernisierer in der rheinland-pfälzischen Staatskanzlei und nicht zuletzt als Entwicklungshelfer in Jordanien tätig. Bis zu seiner Ruhestandsversetzung im Jahre 2019 war er Direktor der Zentralstelle der Forstverwaltung in Neustadt an der Weinstraße.

Hermann Roland Bolz ist verheiratet und Vater von sieben Kindern.

Er ist geprägt durch seinen an weiten Zeithorizonten und komplexen natürlichen und sozioökonomischen Systemen orientierten forstlichen Beruf und inspiriert sich immer wieder durch die einzigartige Weltperspektive des Segelfliegers. Im Mittelpunkt seines Handelns steht der Wunsch, seiner Verantwortung gegenüber künftigen Generationen gerecht zu werden. Daher beschäftigt er sich heute intensiv mit den aktuellen gesellschaftlichen Herausforderungen. Im Fokus steht dabei die Frage der Nachhaltigen Entwicklung von Gesellschaft und Herrschaftssystemen.

Hermann R. Bolz

Vom Urknall zum Xen –

auf dem Pfad zum künstlichen Bewusstsein

To Frances,

who can talk to children.

© 2022 Hermann R. Bolz
Herstellung und Verlag: BoD - Books on Demand, Norderstedt
Umschlagfotografie: Hermann R. Bolz
ISBN: 978-3-7557-6654-4

Bibliographische Information der Deutschen Bibliothek:
Die Deutsche Bibliothek verzeichnet diese Publikation in der Deutschen Nationalbibliographie; detaillierte bibliographische Daten
sind im Internet über http://dnb.ddb.de abrufbar

Inhaltsverzeichnis

Vorwort

In den vergangenen Jahren habe ich mich intensiv mit dem Thema „Gesellschaft und Herrschaftssysteme in Nachhaltiger Entwicklung"[1] befasst. Dabei beschrieb ich mehrere Arten der Evolution auf unserem Planeten und setzte mich mit deren Treibern, soweit mir bekannt, auseinander.[2] Dies galt insbesondere für das Gen der genetischen und das Mem der memetischen Evolution. Den Treiber der materiellen Evolution konnte ich dagegen nicht identifizieren. Da letztere Grundlage aller folgenden Entwicklungen ist, gilt ihr eingangs in diesem Buch, neben den vorgenannten, mein besonderes Interesse. Dabei möchte ich bis zu den Ursprüngen dieser Evolution nachdenken, also konsequenterweise auch über den sogenannten Urknall hinaus.[3]

In dem Streben nach Erkenntnis und Erfahrung sehe ich eine Konstante menschlichen Verhaltens. Die Beantwortung der Frage nach dem Woher und Wohin der Menschheit bedarf großer Zeiträume und bleibt im Zukunftsaspekt angesichts der Kontingenz menschlicher Entwicklung wohl noch lange offen. Um die damit verbundenen Chancen weiterer Erkenntnis und Erfahrung zu nutzen, muss die künftige Entwicklung nachhaltig sein. Insofern ist dieses Streben nach Erkenntnis und Erfahrung erste Begründung der Nachhaltigkeitsidee. Da die Nachhaltige Entwicklung der Menschheit auch heute (mehr

---

[1] BOLZ, H. R., 2013.

[2] Vgl. hierzu auch: BOLZ, H. R., 2017.

[3] Vergleiche hierzu aus der Perspektive eines Physikers: BOJOWALD, M., 2009, S. 131 ff.

denn zuvor) gefährdet ist, bedarf es grundsätzlich neuer Orientierungen der Menschheit, insbesondere der Entflechtung des Menschen von der Natur. Diese behandle ich im anschließenden Teil des Buches.

Ich gehe davon aus, dass die Emergenz menschlichen Bewusstseins nicht das letzte Ereignis dieser Art auf unserem Planeten war. Künstliche Intelligenz und künstliches Bewusstsein auf der Basis des von mir bereits beschriebenen „Xen"[4] sind für mich vorstellbar. In diesem Zusammenhang stellt sich die Frage nach dessen Umgang mit uns Menschen und damit die nach einer entsprechenden Ethik. Schließlich: Welche Rolle spielt hierbei der Staat als Zukunftsagentur.

Abschließend gehe ich, soweit dies derzeit überhaupt möglich ist, der Frage nach, wie sich eine künstliche Intelligenz im Sinne einer bewussten Superintelligenz[5] verhalten könnte, und ob sie einen Beitrag zur Verringerung der Ontologischen Differenz leisten kann.

Meine Überlegungen gesellen sich dem Grunde nach bescheiden zu denen bedeutender Philosophen der Menschheitsgeschichte. Mir ist nicht gegeben, einen umfassenden Überblick über alles bereits Gedachte zu haben, weshalb ich unbewusst leicht in den Verdacht des (unbewussten) Plagiats geraten kann. Gleichwohl will ich versuchen, meine Gedanken in die vorhandenen Gedankengebäude einzuordnen, soweit das meine geringen Kräfte zulassen. Dabei schreibe ich im Gegensatz zu meinen vorangegangenen Veröffentlichungen in der

---

[4] Vgl. hierzu auch: BOLZ, H. R., 2020, S. 20.
[5] Vgl. zum Begriff BOSTROM, N., 2017, S. 26.

Ich-Form. Damit bringe ich das Geschriebene in einen engeren Bezug zu meiner Person.

Noch ein Wort zur geschlechtsspezifischen Ansprache. Auch wenn es der Zeitgeist anders will, bleibe ich bevorzugt bei der geschlechtsspezifischen Form beziehungsweise neutralen Formulierungen. Mir ist klar, dass ich damit sprachlich den jeweils anderen Geschlechtern (maskulin, feminin und divers) nicht in jedem Fall gerecht werde. Dafür bitte ich um Verständnis. Drei Genderrollen können aus meiner Sicht nicht sinnvoll, optisch und lesbar unter einen Hut gebracht werden. Die dafür zu erzwingenden Kompromisse würden letztlich keiner der Angesprochenen gerecht werden. Außerdem würden Lesefreude und Schriftbild über Gebühr beeinträchtigt. Dabei liegt es mir fern, hierdurch auch nur eine Person in ihrer Identität zu verletzen.

Sein-an-sich und Existierendes

Meine ersten Gedanken gelten der Grundlage unserer Existenz. Worin ist sie eingebettet, oder noch weiter gegriffen, woraus ist sie emergiert?

Ausgangspunkt meiner Überlegungen ist das „Sein-an-sich". Darunter verstehe ich einzig Umfassendes, nicht Denkbares, alles Ermöglichendes. Dieses verorte ich vor dem Urknall.

Letzterer wiederum ist der Ausgangspunkt alles bisher und in unbestimmter Zukunft in unserem Universum befindlichen Existierenden. Dieses Existierende, das auch uns Menschen umfasst, ist von großer Vielfalt und wird von uns, auch bei Verwendung von Hilfsmitteln der verschiedensten Art, mit denen wir unsere natürlichen körperlichen und geistigen Begrenzungen erheblich erweitern können, nur unvollständig erkannt. Die Differenz zwischen diesem „Sein-an-sich" und dem von jeweils begrenzt erkennend Existierenden Erkannten nenne ich in Anlehnung an HEIDEGGER[6] „ontologische Differenz".

Dem Begriff „ontologische Differenz" bin ich erstmals während meiner Schulzeit begegnet.[7] Er hat mich seither nicht mehr losgelassen und stand auch Pate bei einem meiner anderen Bücher.[8] Aus meiner Sicht gibt es unendlich viele ontologische Differenzen, je nachdem, von welchem Existierenden wir ausgehen. Denn das Sein eines jeden Seienden, um in der

---

[6] HEIDEGGER, M., 1975, S. 22 und 452 ff.
[7] STÖRIG, H. J., 1969, S. 299.
[8] BOLZ, H. R., 2005.

Terminologie HEIDEGGERs zu bleiben, ist für mich das „Sein-an-sich".

Zum Ursprung hin betrachtet bündeln sich nämlich diese Differenzen, unserem derzeitigen Verständnis entzogen, über die erste Planckzeit und den Urknall ins „Sein-an-sich". Mit zunehmendem zeitlichem Abstand von dort nähert sich menschliches oder/und nicht-menschliches Bewusstsein der Erklärung dieser Differenz. Die Relevanz dieses Umstandes für den Gedanken der Nachhaltigkeit wird später erörtert.

Mit dem Begriff des Existierenden vermeide ich den des „Seienden", denn letzterer könnte eine unmittelbare Teilhabe am „Sein-an-sich" suggerieren, die derzeit nicht darstellbar ist. Auch verengt er möglicherweise die Betrachtung zu sehr auf den Menschen. Das erkennend Existierende kann jedoch nicht auf diesen begrenzt werden und bleiben.

Auf dem Weg vom „Sein-an-sich" zu uns heute erkennenden Menschen (als materiell-biologisch-bewusst Existierenden) wurden mehrere Schwellen überwunden. Zunächst der Urknall, danach die Planck-Zeit ($t_p \approx 5{,}391 \cdot 10^{-44}$s), wobei sich die Vorgänge in der Zeitspanne zwischen Urknall und Planck-Zeit unserem derzeitigen Verständnis entziehen, das Auftreten des biologischen Lebens und schließlich das Auftreten des Bewusstseins als vorläufigem Endpunkt der Entwicklung des biologischen Lebens.

An dieser Stelle ist es noch erforderlich, zwei weitere Begriffe einzuführen, nämlich die der Natur und der Kultur.

Natur kann in unterschiedlicher Hinsicht interpretiert werden.[9] Ich beschränke mich hier auf zwei Interpretationen.

Zunächst verstehe ich unter Natur alles Existierende, wie es sich nach den für dieses Universum gültigen Gesetzen unter ständigem Werden und Vergehen entwickelt.

Bezogen auf das jeweilig Existierende verstehe ich hier unter Natur dann dessen individuelle Eigenschaften, wie sie sich aus seiner Genese ergeben. Diese Eigenschaften nenne ich Prädikate.

Über den Begriff der Natur hinaus geht die menschliche Kultur. An dieser hat jeder Mensch Anteil. In ihrer Summe ist sie jedoch weit mehr als das in den Individuen Repräsentierte. Sie entwickelt möglicherweise im kulturellen Produkt „digitales Netz" eine eigenständige Existenz. Auf diese Problematik wird später eingegangen.

Sein-an-sich

Ich schließe mich der Argumentation HEIDEGGERs[10] zur Notwendigkeit der Frage nach dem „Sein" grundsätzlich an und übertrage sie auf die Notwendigkeit der Frage nach dem „Sein-an-sich". Diese ist ebenfalls nicht nur zulässig, sondern erforderlich.

Die Natur des „Sein-an-sich" jenseits des Urknalls beschreibe ich hier in Form einer Negation, denn sie entzieht sich

---

[9] Vgl. hierzu u.a.: BRUGGER, W., 1986, S.256 f.
[10] HEIDEGGER, M., 2001, S. 1 ff.

menschlichem Verständnis. Letzteres ist an Raum, Zeit und Struktur gebunden. Das „Sein-an-sich" ist im Gegensatz dazu

- raumlos,
- zeitlos und daher auch
- strukturlos.

Wäre dem nicht so, könnten wir es erkennen.

Es ist nicht leicht, sich auf eine solche Beschreibung einzulassen. Insbesondere, da wir einer Zeitlichkeit unterworfen sind, liegt die Frage, woher nun wiederum dieses „Sein-an-sich" kommen mag, nur zu nahe. Dies ist jedoch eine Frage auf der Basis der vier Dimensionen (Raum und Zeit), in die menschliche Existenz, menschliches Erkennen und menschliches Erfahren eingebettet sind. Letztere vermögen derzeit nicht einmal die Schwelle der ersten Planck-Zeit zu überschreiten, wie dann jene zu dem „Sein-an-sich" in seiner Totalität? Der Gefahr eines untauglichen Erklärungsversuchs auf der Basis unseres eingeschränkten Erkenntnis- und Erfahrungsvermögens entziehe ich mich durch die negative Beschreibung des „Seins-an-sich". Es ist in unserem Sinne „nicht" und damit omnipotent. Keine räumliche Ausdehnung, keine verstrichene Zeit und keine Struktur haben das „Sein-an-sich" in seiner Omnipotenz eingeschränkt. Es ist daher auch weder endlich noch unendlich.

Es gibt Menschen, die dieses Nichts hinter unserer Existenz als solches akzeptieren, andere nennen es Gott, Allah, Jahwe oder wie auch immer.

Existierendes

Eine zentrale Frage der Menschheit seit dem Auftreten ihres Bewusstseins ist die nach dem „Woher" und „Wohin". Physiker weltweit versuchen mit erheblichem Aufwand, den Ursprung unseres Universums zu verstehen. Weit in ihren Erkenntnissen fortgeschritten sind sie jedoch noch weit von der letzten Erklärung entfernt.

Die Frage nach dem „Wohin" bleibt vor dem Hintergrund der Kontingenz der menschlichen Entwicklung offen. Letztere folgt Möglichkeiten, die sich ergeben oder geschaffen werden. Um die damit verbundenen Chancen weiterer Erkenntnis und Erfahrung zu nutzen, muss diese Entwicklung nachhaltig sein. Es müssen zu jedem auch in der Zukunft liegenden Zeitpunkt die Voraussetzungen für erkennendes und erfahrendes, damit zumindest derzeit wesentlich menschliches, Leben gegeben sein. Insofern ist die Kontingenz menschlicher Entwicklung in Verbindung mit dem Streben nach zusätzlicher Erkenntnis und Erfahrung die Letztbegründung der Nachhaltigkeitsidee.[11]

In dieser Abhandlung starte ich mit der Aussage, dass alles Existierende im Urknall und der darauffolgenden Entwicklung emergierte. Es leitet sich auf eine (derzeit noch) unklare Weise aus dem „Sein-an-sich" ab. In Raum und Zeit entwickelt es seine eigenständige Natur. Den nachstehenden Betrachtungen hinterliegen folgende Ausprägungen des Existierenden:

- Materiell Existierendes

---

[11] Ausführlich hierzu: BOLZ, H.R., 2005, S. 55 ff.

- Materiell-biologisch Existierendes
- Materiell-biologisch-bewusst Existierendes
- Abhängig-materiell-Existierendes
- Abhängig-materiell-bewusst Existierendes
- Materiell-bewusst Existierendes

Die Ausprägung „materiell-biologisch-bewusst Existierendes"
umfasst neben dem Menschen und bestimmten Spezies auch
den Hybridmenschen. Die des „abhängig-materiell Existierenden" insbesondere Roboter und das digitale Netz, soweit
diese vom Menschen beherrscht werden. Das materiell-bewusst Existierende nenne ich in diesem Rahmen in Anhalt an
N. BOSTROM[12] auch synonym Superintelligenz. Es ist vom
Menschen unabhängig.

Totipotenz

Die Phase vom Urknall bis zum Ende der ersten Planck-Zeit
und damit einer Planck-Länge beschreibe ich als totipotent. In
dieser Totipotenz ist das Entstehen nicht nur eines, sondern
vieler Universen denkbar. Unsere physikalischen Erkenntnisse
versagen in diesem Zeitraum. Es steht auch nicht zu erwarten,
dass für diesen Zusammenhang entwickelte Theorien, etwa
die String-Theorie als eine der jüngsten Repräsentantinnen
der „Theory of Everything", in absehbarer Zeit empirisch veri-
fiziert werden können.[13] Daher sind für mich für diese Phase
zumindest heute auch metaphysische Überlegungen zulässig.

---

[12] Vgl. hierzu N. BOSTROM, 2017, S. 26.
[13] Vgl. hierzu: JAEGER, L., 2018, S. 281 ff.

Fest steht, nicht zuletzt durch den Umstand, dass ich dieses Buch schreibe, dass unser Universum entstanden ist. Die Frage nach anderen, ebenso wie die, ob diese sich ähnlich, wie das unsere oder völlig anders entwickelt haben, wird hier ausgeklammert.

Pluripotenz

Die Pluripotenz unseres Universums gebiert Existierendes mit grundsätzlich unterschiedlicher Natur. Eine erste Gliederung kann, wie vorstehend schon skizziert, grundlegend nach den Prädikaten materiell, biologisch und bewusst geprägt erfolgen.

Materiell Existierendes

Diese Betrachtung greift etwa 13,8 Milliarden Jahre zurück. Besonders hervorzuheben sind die zunehmend langen Zeiträume, die zwischen den verschiedenen Entwicklungsstufen des Universums, dessen Entwicklung auch heute noch anhält, bestehen.

Nach der ersten Planck-Zeit ist, wie bereits ausgeführt, unser Universum grundsätzlich festgelegt. Seine Entwicklung danach verlief nach SMOOT[14] etwa wie folgt[15]:

$5{,}391 \cdot 10^{-44}$ Sekunden, Temperatur 10^{32} Kelvin

Epoche der großen Vereinheitlichung. Starke, schwache und elektromagnetische Kraft sind ununterscheidbar vereint.

10^{-34} Sekunden, Temperatur 10^{27} Kelvin

Die starke trennt sich von der elektro-schwachen Kraft. Das Universum ist ein Plasma aus Quarks, Elektronen und anderen Teilchen. Seine Ausdehnung wird durch die Gravitation verlangsamt.

10^{-10} Sekunden, Temperatur 10^{15} Kelvin

Die elektromagnetische und die schwache Kraft trennen sich. Ein Überschuss von einem Milliardstel an Materie gegenüber der Antimaterie ist entstanden. Quarks können zu Protonen und Neutronen verschmelzen. Teilchen haben Substanz gewonnen.

1 Sekunde, Temperatur 10^{10} Kelvin

Neutrinos entkoppeln, daraufhin vernichten sich Elektronen und Positronen, wobei aber ein Rest an Elektronen übrigbleibt.

3 Minuten, Temperatur 10^9 Kelvin

---

[14] SMOOT, G., 1995, S. 192 ff., durch den Autor leicht modifiziert.
[15] Die nachstehende Darstellung verdeutlicht die Komplexität der Entwicklung des materiell Existierenden. Der physikalisch weniger interessierte Leser kann sie gerne überblättern.

Protonen und Neutronen können sich zu Kernen verbinden, da ihre Bindungsenergie größer ist als die Energie der kosmischen Hintergrundstrahlung. Es kommt zu einer raschen Synthese leichter Kerne (Deuterium), dann von schweren Elementen wie Helium bis hin zu Lithium.

300.000 Jahre, Temperatur 3.000 Kelvin

Materie und Hintergrundstrahlung entkoppeln, als Elektronen sich mit Protonen zu neutralen Atomen verbinden. Das Universum wird transparent für die kosmische Hintergrundstrahlung.

1 Milliarde Jahre, Temperatur 18 Kelvin

Materieansammlungen entstehen, die zu Quasaren, Sternen und Protogalaxien werden. Im Innern der Sterne bilden sich durch die Verbrennung der ursprünglichen Wasserstoff- und Heliumkerne schwere Kerne wie Kohlenstoff, Stickstoff, Sauerstoff und Eisen. Diese werden durch stellare Winde und Supernova-Explosionen zerstreut, wodurch neue Sterne, Planeten und das Leben entstehen können.

8,75 Milliarden Jahre: Unser Sonnensystem entsteht aus Überresten älterer Sterne. Durch chemische Prozesse sind Atome zu Molekülen und schließlich zu komplizierten Festkörpern und Flüssigkeiten zusammengetreten.

Auf unserer Erde, die vor etwa 4,65 Milliarden Jahren vor heute entstand, wirken bis jetzt als wesentliche Grundlage der materiellen Entwicklung

- der Geodynamo,
- die Plattendynamik und
- das Klima.

Diese Entwicklung bezeichne ich als materielle Evolution, die bis heute anhält.

Wesentielles

Das materiell Existierende hat besondere Prädikate. Auf unserem Planeten sind bisher 118 Elemente nachgewiesen worden, wovon 94 natürlich vorkommen. Die chemisch nicht weiter unterteilbare Einheit dieser Elemente ist das Atom.

Die Elemente können grundsätzlich fest, flüssig, gasförmig oder als Plasma auftreten.

Die Elemente können untereinander Verbindungen eingehen. Beim materiell Existierenden sind dies anorganische Verbindungen.

Der Ursprung des materiell Existierenden ist Energie, wobei gilt: Energie ist gleich Masse mal Lichtgeschwindigkeit im Quadrat oder umgeformt: Masse (und damit materiell Existierendes) ist gleich Energie geteilt durch Lichtgeschwindigkeit im Quadrat.

Eine Planck-Zeit nach dem Urknall war, wie vorne bereits erwähnt, noch keine Masse vorhanden. Insofern kommt der Energie zu Beginn unseres Universums fundamentale Bedeutung zu. In der Fortfolge kommt sie in zwei Formen vor: als „geronnene" Energie in Form des materiell Existierenden und als ursprüngliche.

Eine ebensolche fundamentale Bedeutung für die Entwicklung des materiell Existierenden sind die vier grundlegenden Kräfte, nämlich

- Die starke Kernkraft
- Die schwache Kernkraft
- Die elektromagnetische Kraft
- Die Gravitation

Nach herrschender Auffassung wirken diese Kräfte im gesamten Universum.

Besonders interessant ist in diesem Zusammenhang das Phänomen der Emergenz. Aus einem „Nichts" emergierten Urteilchen, Fermionen und Bosonen, Quarks und Leptonen, Atome bis hin zu Sternen und Galaxien, schließlich auf unserem Planeten anorganische Moleküle[16]: Das materiell Existierende. Auch im Bereich der nachstehend behandelten, weiteren Evolutionen kann das Phänomen der Emergenz beobachtet werden.

Makroskopisch auf unserem Planeten betrachtet wird die Entwicklung des materiell Existierenden geprägt durch den Geodynamo, die Plattentektonik sowie das Klima.

Die Vorgänge unmittelbar nach dem Urknall entziehen sich einer experimentellen Überprüfung

Der Treiber dieser materiellen Evolution ist (noch) nicht bekannt. Ich bezeichne ihn hier – nicht im ausschließlich theologischen Sinne – mit „Ω".

---

[16] Vgl. hierzu: SATZ, H., 2021, S. 99 ff.

Die Suche nach dem Ursprung des Lebens wirft mehrere Fragen auf. Zunächst die, ob es neben dem Leben auf unserer Erde weiteres im Universum gibt und vielleicht von dort auf unseren Planeten gelangt ist. In diesem Zusammenhang entsteht auch die Frage nach dessen möglicher Natur. Ist es mit dem unseren vergleichbar, intelligenter, oder bleibt es hinter unserer Intelligenz zurück?[17]

Bisher konnten keine Hinweise auf intelligentes Leben im Universum entdeckt werden. Verschiedene Autoren schließen ein solches sogar aus, was mir jedoch voreilig erscheint.[18]

Bezogen auf das Leben auf der Erde stellt sich die Frage nach dessen Charakteristik und schließlich die nach dem Zeitpunkt seines Auftretens und seiner Herkunft.

Minimale Eigenschaft des Lebens ist, sich erhalten und vermehren zu können. Zentraler Baustein ist in diesem Zusammenhang die sogenannte DNS (Desoxyribonukleinsäure, engl. DNA), die nahezu allen Lebewesen gemein ist. Vor dem Hintergrund dieser Definition stehen die Viren an der Schwelle zum Leben, da sie zu ihrer Reproduktion den Körper eines Wirts benötigen.

Das materiell-biologisch Existierende (Leben) ist vor etwa 4,1 bis 3,9 Milliarden Jahren vor heute auf der Erde aufgetreten. Dieser Zeitpunkt liegt erstaunlich nahe bei dem der Entstehung des Planeten an sich, welche vor etwa 4,65 Milliarden

---

[17] Vgl. hierzu SAGAN, C., 1997, S. 286 ff.
[18] Vgl. hierzu WARD, P. D., BROWNLEE, D., 2004.

Jahren erfolgte. Diese erste Entwicklungsphase der Erde war gekennzeichnet durch ein ungeheures Bombardement von Himmelskörpern und damit insgesamt von sehr lebensfeindlichen Verhältnissen an deren Oberfläche.

MILLER, S. und UREY, H. haben 1952 in einem Experiment nachgewiesen, dass und wie in einer simulierten Uratmosphäre Aminosäuren entstehen konnten. Bisher nicht gelungen ist, von hier aus ausgehend, auf diese Weise DNA künstlich zu erzeugen. Inzwischen bestehen auch Zweifel darüber, ob die seinerzeitigen Verhältnisse tatsächlich den Annahmen der beiden Wissenschaftler entsprachen.[19]

Extremophile[20]

Der Möglichkeit, dass Leben an der Erdoberfläche entstand, stehen die seinerzeitigen extremen Verhältnisse dort entgegen. Vor diesem Hintergrund erscheint es heute als denkbar, dass Leben in den Tiefen der Ozeane entstanden ist. Dabei wird nicht ausgeschlossen, dass die Lebensbausteine via einschlagender Himmelskörper zur Erde gekommen sind und daher einen extraterrestrischen Hintergrund haben.

Die ersten Träger des Lebens werden als Extremophile bezeichnet. Es handelt sich dabei um chemoautotrophe Organismen, die ihre Energie unmittelbar aus der Oxidation anorganischer Stoffe gewonnen haben. Ihr Lebensraum könnten die

---

[19] Siehe WARD, P.D., BROWNLEE, D., 2004, S. 68 und PRESS, F., SIEVER, R., 2008, S. 285.
[20] Vgl. hierzu: WARD, P.D., BROWNLEE, D., 2004, S. 70.

heißen Thermalquellen am Boden der Ozeane gewesen sein. Dort waren sie vor den Auswirkungen der Einschläge von Himmelskörpern weitestgehend geschützt.

Cyanobakterien[21]

Ein weiterer wichtiger Meilenstein der Entwicklung des materiell-biologisch Existierenden war das Auftreten der sogenannten Cyanobakterien. Sie gelten als die „Erfinder" der Photosynthese und sind daher vermutlich die ersten sauerstofferzeugenden Organismen. Sie sind vor ca. 2,7 Milliarden Jahren erstmals auf der Erde aufgetreten und haben ab diesem Zeitpunkt die Erdatmosphäre entscheidend verändert. Zunächst wurde jeglicher in Bodennähe erzeugter Sauerstoff unmittelbar durch im Wasser gelöste Eisenionen gebunden. Vor ca. 2 Milliarden Jahren überwog die Sauerstoffproduktion jedoch diese Bindefähigkeit, und es begann sich Sauerstoff in der Atmosphäre anzusammeln. Unterstützt wurde dieser Prozess durch Photodissoziation von Wasser in der Atmosphäre, durch die Wasserstoff in den Weltraum entwich, während der Sauerstoff in der Atmosphäre verblieb. In der ursprünglichen Kohlendioxid-Atmosphäre reicherte sich so der Sauerstoff an. Vor 2 Milliarden Jahren auf ca. 1 Vol%, vor 700 Millionen Jahren auf etwa 10 Vol% und vor 350 Millionen Jahren schließlich auf den heutigen Wert von 20,95 Vol% in der bodennahen Luftschicht.

---

[21] Vgl. hierzu GRAEDEL, P. E., CRUTZEN, P. J., 1996, S. 67 ff. sowie auch PRESS, F., SIEVER, R. 2008, S. 287 ff.

Ein weiterer, für die Entwicklung des materiell-biologisch Existierenden sehr wichtiger Effekt dieser Sauerstoffanreicherung war die damit verbundene Bildung des Ozon. Dadurch wurde die Erdoberfläche von der tödlichen, von der Sonne ausgehenden ultravioletten Strahlung abgeschirmt. Dies war eine entscheidende Voraussetzung für die Besiedlung der Landflächen.

Kambrische Explosion

Nach einer etwa 3 Milliarden Jahre andauernden sehr langsamen Entwicklung entstanden vor ca. 542 Millionen Jahren eine Vielzahl großer, Skelette bildender Lebewesen. Dieser Zeitabschnitt im Kambrium wird als die Kambrische Explosion des Lebens bezeichnet. Alle heute lebenden Organismengruppen sowie auch einige inzwischen ausgestorbene Tiergruppen haben ihre Wurzeln in diesem Zeitraum. Was diesen Ausbruch an Lebensvielfalt letztendlich verursacht hat, ist derzeit noch nicht geklärt.

Erste Landlebewesen

Vor etwa 410 bis 360 Millionen Jahren fassten die ersten Pflanzen Fuß an Land. Diesen folgten alsbald die Tiere. Der Schritt aus den Ozeanen, in denen die kambrische Explosion stattgefunden hatte, war wahrscheinlich durch den dort wachsenden Konkurrenzdruck bedingt. Das bis dahin unbesiedelte Land barg eine große Zahl ökologischer Nischen, die reichlich Raum für das Fortschreiten der genetischen

Evolution boten. Dieser Vorgang zeigt sehr plastisch die invasive Energie der belebten Natur, musste doch hierfür ein bedeutender Anpassungsprozess durchlaufen werden.

Hominiden[22]

Von besonderer Bedeutung für die nachfolgende Betrachtung ist das Auftreten des Menschen. Seine phylogenetischen Wurzeln reichen zurück bis zum ersten Auftreten der Hominoiden (Menschenartigen) vor ca. 27 Millionen Jahren. Im Verlauf derer Entwicklung spalteten sich von einem gemeinsamen Vorfahren vor ca. 18 Millionen Jahren zunächst die Gibbons, danach die Orang-Utans und die Gorillas ab. Schimpansen und Hominiden trennten sich vor ca. 6 Millionen Jahren.

Die Entwicklung von den Hominiden zu den modernen Menschen verlief keineswegs linear, sondern wies zahlreiche Verzweigungen auf, aus denen schließlich Homo sapiens dominierend hervor ging.[23]

Wesentielles

Wesentlicher Treiber der Entwicklung des materiell-biologisch Existierenden ist das Gen auf der Basis der DNA, die über Jahrmilliarden, einen erstaunlich langen Zeitraum, als solche erhalten geblieben ist und auch heute noch das Leben prägt.

---

[22] Vgl. zu den folgenden Ausführungen FOLEY, R., 2000, S. 46 ff.
[23] Vgl. hierzu: PIEVANI, T., ZEITOUN, V., 2020.

Bausteine des materiell-biologisch Existierenden sind die zu organischen Molekülen verbundenen Elemente des materiell Existierenden. Dies ist die Ursache der intensiven Verwobenheit und gegenseitigen Beeinflussung zwischen materiell und biologisch Existierenden.

Das materiell-biologisch Existierende entwickelt sich durch Variation, Selektion und Replikation zu zunehmend komplexeren Formen von Individuen und deren Zusammenwirken. Dadurch passt es sich insbesondere an veränderte Rahmenbedingungen an, die sich durch Vorgänge im Bereich des materiell Existierenden, aber auch durch Rückwirkungen der Aktivitäten des materiell-biologisch Existierenden, ergeben. Neben der Entwicklung neuer Arten gehen damit auch Artenverluste einher.

Materiell-biologisch-bewusst Existierendes[24]

Die Menschen sind eine im erdgeschichtlichen Maßstab noch sehr junge Spezies[25], die sich in bemerkenswerter Weise gegenüber anderen Lebewesen durchgesetzt hat. Ihre Wurzeln liegen vermutlich in den tropischen Regenwäldern, die seit dem letzten katastrophalen Meteoriteneinschlag vor ca. 65 Millionen Jahren kontinuierlich, allerdings in unterschiedlich

---

[24] Die nachstehenden Ausführungen orientieren sich an BOLZ, H. R., 2017, S. 45 ff.

[25] Vgl. hierzu: WRANGHAM, R., PETERSON, D., 2001 und HAWKING, ST., 2001, S. 177.

großer Ausdehnung, den modernen Säugetieren mit ihren reichen Früchten als Heimat zur Verfügung standen.

Die heutigen großen Menschenaffen – Orang-Utans, Gorillas, Schimpansen und Bonobos – differenzierten sich im Verlauf der letzten 15 Millionen Jahre. Vor ca. 6 Millionen Jahren trennten sich die Linien der Menschen und der Schimpansen. Die Vorfahren der Menschen überquerten vor ca. 5 Millionen Jahren die bedeutende ökologische Grenze zwischen dem tropischen Regenwald und dem sich durch klimatische Änderungen ausweitenden offenen Wald-/Savannenland. Hierdurch setzte eine rasche evolutionäre Entwicklung ein, bis schließlich vor etwa 2 Millionen Jahren die Gattung Homo erschien. Diese gliederte sich in der Folgezeit in einen weit verzweigten Baum von Arten. Hierzu gehören neben anderen Homo habilis, Homo ergaster, Homo erectus, Homo antecessor, Homo neanderthalensis und schließlich Homo sapiens. Alle Arten mit Ausnahme der Letzteren sind ausgestorben. Homo neandertalensis erst vor ca. 29.000 Jahren.[26]

Zahlreiche Arten begannen, Werkzeuge zu formen und sich zunehmend auch von Fleisch zu ernähren. Verbunden mit dieser Entwicklung war ein erstaunliches Wachstum des Gehirns, das beim Homo Sapiens erst vor ca. 50.000 Jahren seinen Abschluss fand[27].

Mit dieser Entwicklung emergierte das Bewusstsein, dessen Äußerung in der Person des Homo sapiens das „Ich" ist. Das „Ich", das sich seiner selbst und seiner Vergänglichkeit bewusst ist. Das „Ich", das allem anderen gegenübersteht und

---

[26] Vgl. hierzu PIEVANI, T., ZEITOUN, V., 2020, S. 26.ff.
[27] Vgl. hierzu: ORNSTEIN, R., 1996, insb. S. 61 ff.

sich dadurch interaktiv von diesem unterscheidet. Das „Ich",
welches bei FICHTE Grundlage seiner Philosophie als Wissen-
schaftslehre ist: „Es ist demnach Erklärungsgrund aller Thatsa-
chen des empirischen Bewustseyn, daß vor allem Setzen im
Ich vorher das Ich selbst gesetzt sei."[28]

Dieses „Ich" ist ein Kristallisationspunkt auf einem Zeitstrahl,
der weit aus der Vergangenheit heraufreicht und von da aus
weiter in die Zukunft führt. Dabei ist auch bei anderen hoch
entwickelten Lebewesen eine bestimmte Art von Bewusstsein
nicht ausgeschlossen, sondern eher wahrscheinlich.

Eng verbunden mit dem „Ich" ist das „Wir". Während der
Mensch als Individuum leicht verletzlich ist, ist die Gemeinschaft von Menschen sehr wirkmächtig. Sie verstand es bis
heute, selbst existentiellen Gefahren erfolgreich entgegen zu
treten. So konnte ein jagendes Tier leicht einen einzelnen
Menschen töten. Der anschließenden Antwort der lokalen
menschlichen Gesellschaft war es regelmäßig nicht gewachsen.

Das „Ich" des Homo sapiens in Verbindung mit dem „Wir" ist
die Grundlage der Entwicklung menschlicher Kultur, durch die
sich der Mensch zunehmend aus seiner genetischen Programmierung befreit und zum unabhängigeren, materiell-biolo-
gisch- bewusst Existierenden heranreift.

Mit Blick auf die Zukunft ist offen, ob nicht noch andere,
nicht-menschliche Formen des Bewusstseins entstehen können. Insofern ist heute die Beschränkung der Grundlage der
philosophischen Wissenschaft auf das „Ich" des Homo sapiens
und das „Wir" seiner Gemeinschaft weiter zu entwickeln. Dies

---

[28] FICHTE, J., G., 1962, GA I/2, S. 255 – 259.

sowohl mit dem Blick auf möglicherweise bereits vorhandenes, nicht-menschliches biologisches Bewusstsein, als auch auf die Genese künftiger, potenzieller Formen anderen Bewusstseins.

Die Geschwindigkeit, mit der sich Homo sapiens in der Folge als einzig verbliebene und herrschende Spezies der Gattung Homo weltweit etabliert hat, ist in der langen Geschichte des Lebens ohne Beispiel. So gibt es Vorschläge, das Zeitalter ab 1750 n.Chr. als Anthropozän zu bezeichnen.[29] Ein anderer Startpunkt für das Anthropozän wären die 50er Jahre des vergangenen Jahrhunderts. Ab diesem Zeitpunkt kann man radioaktive Ablagerungen aus den oberirdischen Atomwaffenversuchen in den Gesteinsschichten nachweisen. Ein geologischer Beleg für die globale Wirksamkeit menschlicher Aktivitäten. Daher liegt die Frage nahe, ob mit dem Menschen nicht eine neue, weitere Form der Evolution aufgetreten ist.

Ein wirkmächtiger Replikator tritt auf – das Mem

Gemeinhin wird davon ausgegangen, dass die Entwicklung des Lebens auf unserem Planeten auf der Basis des Replikators Gen erfolgt. Dawkins[30] weist jedoch darauf hin, dass mit dem Menschen ein neuer aufgetreten ist, nämlich das Mem. Hierunter versteht er eine Einheit der Imitation oder der kulturellen Vererbung.

---

[29] CRUTZEN, P. J., 2002, S. 23 sowie HABER, W. in HABER, W. et al., 2016, S. 19 ff.

[30] DAWKINS, R., 1994, S. 308 ff. Vgl. kritisch hierzu: COEN, E., 2012, S.325.

„Ich meine, dass auf diesem unserem Planeten kürzlich eine neue Art von Replikator aufgetreten ist. Zwar ist er noch jung, treibt noch unbeholfen in seiner Ursuppe herum, aber er ruft bereits evolutionären Wandel hervor, und zwar mit einer Geschwindigkeit, die das gute alte Gen weit in den Schatten stellt.

Das neue Urmeer ist die „Suppe" der menschlichen Kultur. Wir brauchen einen Namen für den neuen Replikator, ein Substantiv, das die Assoziation einer Einheit der kulturellen Vererbung vermittelt, oder eine Einheit der *Imitation*. Von einer entsprechenden griechischen Wurzel ließe sich das Wort „Mimem" ableiten, aber ich suche ein einsilbiges Wort, das ein wenig wie „Gen" klingt. Ich hoffe, meine klassisch gebildeten Freunde werden mir verzeihen, wenn ich Mimem zu *Mem* verkürze."

Wie Gene zu einem Genpool gehören und von Körper zu Körper springen, so sind Meme Elemente des Mempools und verbreiten sich von Gehirn zu Gehirn. Als Beispiel hierfür mag die berühmte Einstein'sche Formel $E = mc^2$ gelten. Bewährt sie sich fortwährend, bleibt sie global und dauerhaft präsent und wirksam. Würde sie widerlegt, verlöre sie sehr rasch an Wirksamkeit.

Im Unterschied zur genetischen ist die auf die Wirkungen der Meme aufsetzende memetische Evolution nahezu ausschließlich menschlicher Natur[31]. Ebenfalls anders als die genetische ist sie weder generationengetaktet noch räumlich begrenzt. In Verbindung mit der zeitlich und räumlich hohen Mobilität der Meme erfolgt die Prüfung derer Tauglichkeit und Verbreitung ungleich schneller, als dies bei der genetischen Evolution möglich ist. Es liegt auf der Hand, dass die Wirkmächtigkeit eines Mems signifikant höher ist, als die eines Gens. Ein Beispiel mag dies verdeutlichen: Zweifellos ist es für Igel (Erinaceus europaeus) eine geeignete Überlebensstrategie, sich beim

---

[31] Es ist nicht auszuschließen, dass bei hochorganisierten Säugetieren ebenfalls Ansätze einer memetischen Evolution wirksam sind. Vgl. hierzu WRANGHAM, R., PETERSON, D., 2000, S. 311 ff. und LEAKEY, R., LEWIN, R., 2001, S. 301 ff.

Nähern von Feinden einzuigeln. Diese Strategie versagt jedoch beim Überqueren von Straßen gegenüber einem aufkommenden Fahrzeug. Obwohl es Fahrzeuge nun schon seit mehr als 100 Jahren gibt, gelang es der genetischen Evolution bisher nicht, das Verhalten der Igel an diese Situation anzupassen. Neu geborene Menschen lernen dagegen den Umgang mit den von Fahrzeugen verursachten Gefahren innerhalb weniger Jahre, und bis dahin schützen sie ihre Betreuungspersonen wirkungsvoll.

Zweifellos hat ein Mem seinen Ursprung im Gehirn eines menschlichen Individuums. Als Folge der Sozialität des Menschen verbreitet es sich jedoch regelmäßig und mit vergleichsweise sehr geringem zeitlichen Verzug in andere Gehirne. Einmal aufgetreten, müsste daher im Extremfall die gesamte Spezies Mensch untergehen, um ersteres wieder zu entfernen. Gerade letztere Überlegung legt im Übrigen nahe, die Wirkungen der memetischen Evolution auf der Ebene der Gesellschaft, und nicht etwa auf der des Individuums zu denken.[32] Darüber hinaus ist zu berücksichtigen, dass Meme nicht nur in Gehirnen, sondern auch auf materiellen Datenträgern gespeichert werden. Da diese bisher nicht ohne menschliche Unterstützung existieren können, bezeichne ich diese hier als abhängig materiell Existierende. Hier drängen sich allerdings erste Überlegungen zur Frage auf, ob sie sich grundsätzlich aus dieser Abhängigkeit befreien können.

Meilensteine der memetischen Evolution sind neben anderen insbesondere die

---

[32] Vgl. hierzu SCHURZ, G., 2011, S. 249 ff.

- Nutzbarmachung des Feuers bis hin zum atomaren Feuer
- Entwicklung einer Sprache
- Entwicklung der Landwirtschaft
- Erfindung der Schrift und in der Folge des Buchdrucks
- Einschränkung persönlicher Gewaltausübung
- Einführung des Geldes als allgemeines Tauschmittel
- Erfindung von Kraftmaschinen
- Erhöhung der Mobilität
- Bevölkerungsentwicklung
- Erfindung der elektronischen Datenverarbeitung
- Implementation biotechnischer Elemente in Lebewesen
- Gestaltung von Erbmaterial
- Entwicklung künstlicher Intelligenz

Führt man sich die zeitliche Abfolge dieser Meilensteine der memetischen Evolution vor Augen, wird deutlich, dass diese sich ähnlich, jedoch in anderen Zeitskalen, wie die genetische Evolution, zunehmend beschleunigt.

Meilensteine der memetischen Evolution

In der Vergangenheit waren die Nutzbarmachung des Feuers, die Entfaltung der Sprache, die Entwicklung der Landwirtschaft, die Erfindung der Schrift, die Einschränkung persönlicher Gewaltanwendung, die Erfindung von Kraftmaschinen und damit in Verbindung auch die Erhöhung der menschlichen Mobilität sowie die Bevölkerungsentwicklung als Folge des medizinischen Fortschritts von besonderer Bedeutung.

Feuer

Einen entscheidenden Impuls erhielt die menschliche Entwicklung durch die Zähmung des Feuers[33]. Dessen Auftreten kann so weit zurückdatiert werden, wie die Geschichte der Vegetation. So ist der geologische Nachweis von Waldbränden so alt wie derjenige der Waldvegetation – ungefähr 350 Millionen Jahre. Zur Zeit des Auftretens der ersten Hominiden vor etwa 6 Millionen Jahren muss es daher schon regelmäßig Ausbrüche von Feuern auf der gesamten Landfläche der Erde gegeben haben. Diese wurden im Wesentlichen durch Blitze und Vulkanausbrüche verursacht. Insofern war Feuer für die Hominiden vermutlich nichts Ungewöhnliches. Möglicherweise zogen sie entgegen aus heutiger Sicht naheliegender Vermutungen sogar erhebliche Vorteile aus dem Feuer. Sie mussten es zwar als Naturereignis machtlos hinnehmen, die Folgen eines solchen Ereignisses waren jedoch nicht notwendigerweise ausschließlich negativ. So zog eine Brandfläche unmittelbar zahlreiche Tiere an: Beutegreifer, die fliehendes Wild schlugen, Aasfresser, welche die in den Flammen verendeten Tiere fraßen, aber auch Rotwild- und Rinderherden, welche nach dem Brand die salzige Asche zu sich nahmen. Möglicherweise lernte auch der eine oder andere Hominide

---

[33] Vgl. hierzu umfassend: GOUDSBLOM, J., 1995.

quasi im Vorübergehen, dass erhitztes Fleisch anders – besser – schmeckt als rohes, verdaulicher ist und zudem auch länger genießbar bleibt.

Als weitere Folge verwandelten sich Waldgebiete nach Brandereignissen zumindest vorübergehend in offene Graslandschaften. Dies begünstigte die Populationsentwicklung von Weidetieren. Diese zu bejagen war leichter als die Jagd auf Tiere in geschlossenen Wäldern.

Irgendwann gelang den Hominiden dann der Übergang zum aktiven Gebrauch des Feuers. Zeitlich wird dieses Ereignis zwischen 1,5 und 0,5 Millionen Jahre vor heute, also deutlich vor dem Auftreten des Homo sapiens, eingeordnet. Wie diese Fähigkeit errungen wurde, ist für die Betrachtung im Rahmen dieser Arbeit unerheblich. Wichtig ist dagegen, dass sie es verstanden, den Gebrauch des Feuers zu monopolisieren, denn darin gründet wesentlich die sich ständig erweiternde Kluft zum Rest der belebten Natur. Alle anderen Arten blieben weit hinter den Hominiden bei deren Aufstieg zur ökologischen Vorherrschaft zurück.

Durch den gezielten Einsatz des Feuers bei der Jagd modellierten bereits die Hominiden ihre lokalen Lebensräume lange vor der Neolithischen Revolution. Dies nicht nur, indem sie das Feuer zum Einkesseln von Tieren oder zur Bekämpfung von Raubtieren etwa in deren Höhlen benutzten, sondern vielmehr und insbesondere durch die dadurch ermöglichte Begünstigung einer Flora, die gute Voraussetzungen für hohe Weidetierpopulationen schuf.

Heute glühen hinter dem Wohlstand der reichen Nationen gewaltige Feuer, größere Feuer als jemals zuvor in der Geschichte der Menschheit. Sei es in Öfen, Motoren oder

Turbinen, wandeln sie Energie im Dienst des Menschen um. Ein Teil der Energieträger, nämlich Kohle, Öl und Gas, ist fossiler Natur. Dabei handelt es sich im Prinzip um gigantische Mengen gespeicherter Sonnenenergie. Die Kohlendioxidsenke, die mit der Einlagerung dieser Energieträger entstand, wird derzeit durch die gewaltigen Umwandlungsprozesse der Menschheit rückgängig gemacht. Heute wandelt sie in einem Jahr die Menge fossiler Energie um, die auf natürlichem Weg binnen 500.000 Jahren entstand.[34] Die Folgen hiervon sind vielfältiger Art. Sie reichen von einer zu erwartenden Veränderung des Klimas bis hin zu auch bewaffneten Auseinandersetzungen um entsprechende Lagerstätten.

Mit der Nutzung der Atomkraft hat sich die Menschheit ein Instrument geschaffen, das eine Energieumwandlung unabhängig von der Sonne ermöglicht. Mit ihrer Nutzung sind jedoch zumindest potenziell Wirkungen verbunden, die kosmischen Katastrophen gleichgesetzt werden können. Die Menschheit ist nämlich grundsätzlich in der Lage, etwa durch den Einsatz von Atomwaffen, einen Großteil des Lebens auf diesem Planeten auszulöschen. Etwas, was bis dahin abiotischen Katastrophen, wie schweren Vulkanausbrüchen oder einer Kollision der Erde mit einem Himmelskörper, vorbehalten war. Gerade dieses Beispiel zeigt, wie weit sich der Mensch von den Potenzialen der genetischen Evolution entfernt hat. Bemerkenswert ist, dass dieses Waffenarsenal nach dem Fall des Eisernen Vorhangs nicht vollständig aufgelöst wurde. Seine explizite Rechtfertigung durch unüberwindliche ideologische Differenzen zwischen den verschiedenen Machtblöcken ist in aller Stille anderen Machtkalkülen gewichen.

---

[34] ALT, F., 2002, S. 131 f.

Etwa ein Zehntel des Primärenergieverbrauchs in Deutschland wurde durch die Nutzung von Atomkraft zur Verfügung gestellt.[35] Damit einher geht die Notwendigkeit, strahlendes Material über lange Zeiträume sicher zu lagern. Gerade in Deutschland bezweifeln viele Menschen, dass hierbei die erforderliche Sicherheit gewährleistet werden kann und erheben große Bedenken gegen diese Art der Energieumwandlung. Als Folge der Reaktorhavarie von Fukushima beschloss die Bundesregierung im Jahre 2011 den endgültigen Ausstieg aus der Nutzung der Atomenergie, womit jedoch das Lagerungsproblem der Rückstände noch nicht gelöst ist.

In diesem Zusammenhang ist jedoch der Aspekt der Energiedichte von besonderer Bedeutung. Sie beträgt bspw. für Steinkohle 34 MJ/kg. Für die Kernspaltung von ^{235}Uranium ist dies $7{,}939 \times 10^7$ MJ/kg. Die Energiedichte heute herstellbarer Akkus ist wesentlich geringer, als die der Steinkohle. Sie beträgt für einen Lithium-Ionen-Akku 0.65 MJ/kg. Betrachtet man vor diesem Hintergrund die Gewährleistung der Energieversorgung unserer Volkswirtschaft, dann stellt sich die Frage, ob nicht künftig erhebliche Mittel in die weitere Erforschung der Kernenergie investiert werden müssen. Trotz der bisher noch ungeklärten Frage des Umgangs mit (vorläufigen) radioaktiven Endprodukten stellt sich doch die Frage, ob angesichts der damit verbundenen erheblichen Eingriffe in Natur und Umwelt der ausschließliche Fokus auf die sogenannten Erneuerbaren der Königsweg ist.

---

[35] Als Folge der Energiewende nach dem Reaktorunglück von Fukushima im Jahre 2011 ist dieser Anteil rückläufig und wird 2022 voraussichtlich erlöschen.

Die Wirkungen all' dieser Feuer durchdringen mit einem beachtlichen globalen Impakt alle menschlichen Lebensbereiche. Wie immer in der Geschichte der Menschheit sind es gezähmte, wohl behütete, eingesperrte Feuer an möglichst sicheren Orten. Daher laufen wir Gefahr, dass das Bewusstsein um diese Feuer und ihre Bedeutung für unser Wohlergehen verloren geht.

Sprache

Sprache ist die Fähigkeit, Gedanken und Gefühle durch Laute darzustellen, die von anderen Lebewesen wahrgenommen und interpretiert werden können. Sprachkompetenz trifft man im Wesentlichen bei Menschen an. Ihre Wurzeln reichen ca. 300.000 Jahre, also vor das Auftreten des modernen Menschen, zurück.[36] Es gibt jedoch Hinweise, dass hoch entwickelte Säugetiere ebenfalls in der Lage sind, sich auf ihre Weise „sprachlich" zu verständigen. So können etwa Schimpansen bis zu 200 Zeichen der amerikanischen Gebärdensprache lernen und sinnvoll damit kommunizieren.[37] In diesem Zusammenhang ist jedoch darauf hinzuweisen, dass das Erkennen tierischer Intelligenz auf der Basis vermittelter menschlicher Kommunikationstechnik erfolgt. Dies schließt nicht aus, dass hochentwickelte Tiere unabhängig davon über effektive Kommunikationsstrategien verfügen, die auf diese Weise nicht erkannt werden können. Insofern mag das derzeit

---

[36] FOLEY, R. 2000, S. 143.
[37] SAGAN, C., 1977, S. 115 ff.

geringe Urteil der Menschen über tierische Sprachkompetenz auch menschlicher Hybris geschuldet sein.[38]

Es leuchtet unmittelbar ein, dass mit der Entwicklung der Sprache ein erheblicher Fortschritt in der Sicherung des Überlebens verbunden war. Es existiert nahezu kein menschliches Betätigungsfeld, dessen Gestaltung durch den Gebrauch der Sprache nicht erheblich erleichtert wurde. Insbesondere Aktivitäten von Gruppen, wie die Ausübung der Jagd, konnten durch deren Einsatz erheblich effizienter und effektiver gestaltet werden.

Ein weiterer Effizienzeffekt im Zusammenhang mit der Entfaltung der Sprache war deren Abbildung durch ein System von Zeichen und Verknüpfungsregeln, welches zu einer noch weiterreichenden Eindeutigkeit der Verständigung führte und den Zugriff Vieler, potenziell auch noch Ungeborener, auf Wissen wesentlich erleichterte.[39]

Einen weiteren Aspekt will ich hier abschließend noch ansprechen. Derzeit werden weltweit etwa 7.000 Sprachen gesprochen. Die jeweilige Sprachentwicklung erfolgte im Kontext des materiell-biologisch-bewusst Existierenden. Die große Zahl der auch heute noch lebenden Sprachen ist eine Folge der Verbreitung des Homo sapiens über den gesamten Planeten, durch die er auf unterschiedlichste Rahmenbedingungen für seine Entwicklung stieß. Es leuchtet unmittelbar ein, dass

---

[38] Vgl. hierzu WARWICK, K.,2000, S. 141 ff.

[39] Diese Aussage bezieht sich alleine auf die phylogenetische Bedeutung der Sprache in einem frühen Entwicklungsstadium des Menschen und klammert moderne Überlegungen zur Inkommensurabilität von Sprachspielen aus. Vgl. hierzu KIRSCH, W., 1992, S. 423 ff.

eine im Amazonasbecken entwickelte Sprache signifikant anders mit Begriffen ausgestattet ist, als eine in Grönland entstandene.

Die Anzahl der Sprachen geht drastisch zurück. Es gibt Autoren, die diesen Schwund mit dem Verlust an Biodiversität erklären. Aus meiner Sicht trifft dies allenfalls ansatzweise zu. Wesentlich für diesen Schwund ist vielmehr die kulturelle (memetische) Evolution, die zu wachsender Naturferne führt. Warum soll ein Kind des 21. Jahrhunderts die für seinen Lebensraum typische Fauna und Flora oder die seiner Ernährung hinterliegende Agrartechnik umfänglich kennen. Für seine tägliche Lebensgestaltung ist dies nicht erforderlich. Gegenstand seiner sprachlichen Aktivitäten werden überwiegend memetische Artefakte auf der Basis der elektronischen Kommunikations- und Informationstechnologie sein. Diese werden zunehmend weltweit standardisiert sein und daher einer Konzentration auf eine memetisch geprägte Sprache Vorschub leisten.

Entwicklung der Landwirtschaft

Von der Zähmung des Feuers an war es allenfalls eine Frage der Zeit, bis im Rahmen der neolithischen Revolution[40] der Schritt zur Agrarisierung gelang. Damit griff der Mensch erneut und äußerst wirksam in die natürliche Biodiversität ein. Auf dem Gebiet des Ackerbaus dominierten fortan

---

[40] CHILDE, V.G., 1970, S. 66 ff. Der Begriff wird heute kritisch gesehen, da der Übergang zur agrarisierten Ernährungsgrundlage etwa 5000 Jahre, und damit, im Vergleich zu revolutionären Umbrüchen, lange Zeit in Anspruch nahm.

insbesondere sieben Getreidearten, nämlich Reis, Weizen, Mais, Hirse, Roggen, Hafer und Gerste. Diese werden bis heute in großen Monokulturen angebaut und stellen eine wesentliche, aber nicht (immer) hinreichende Ernährungsgrundlage der Menschheit dar. So traten häufig als Folge von Missernten große Hungersnöte auf, und auch heute hungern noch viele Menschen. Auf dem Gebiet der Viehzucht erfolgte ebenfalls eine Beschränkung auf wenige Arten wie Schafe, Ziegen, Rinder und Geflügel. Die Wirkungen des Übergangs zur Agrargesellschaft sind durchaus mit denen der späteren industriellen Revolution vergleichbar und können kaum überschätzt werden. Sie haben in weiten Teilen des Planeten Flora und Fauna in eine Symbiose mit dem Menschen gezwungen.[41] Darüber hinaus ging diese Entwicklung zu Lasten der Waldfläche. So wurden seit der neolithischen Revolution 70 % der Urwälder gerodet.[42] Dieser Prozess hält auch heute noch, insbesondere in Süd-Ost-Asien und Südamerika, an. Auch die verbliebenen Wälder unterlagen und unterliegen einem erheblichen menschlichem Einfluss. Sie wurden und werden zur Befriedigung menschlicher Bedürfnisse in erheblichem Umfang modelliert.[43]

In den Agrargesellschaften entwickelten sich recht bald besondere, vom sinnvollen Gebrauch des Feuers abhängige, handwerkliche Fähigkeiten. Von herausragender Bedeutung war zunächst die Töpferei, denn sie ermöglichte die Herstellung von Vorratsgefäßen, in denen Nahrung hygienischer und dauerhafter aufbewahrt werden konnte, als zuvor. Hinzu gesellte sich die Metallverarbeitung, welche die Herstellung von

---

[41] Vgl. hierzu HABER, W., 2010, insb. S. 57.
[42] SCHURZ, G., 2011, S. 61.
[43] Vgl. hierzu PEARCE, F., 2016, S. 197 ff.

Gebrauchsgegenständen der unterschiedlichsten Art, aber auch von wirksameren Waffen, ermöglichte.

Mit Blick auf das heutige Spannungsverhältnis zwischen Mensch und Natur kann hier demnach durchaus festgestellt werden, dass bereits die Hominiden, ebenso wie der frühe Homo sapiens seit ca. 40.000 Jahren, in erheblichem Umfang ins natürliche Beziehungsgefüge eingegriffen haben. Großflächige und erhebliche Folgewirkungen für die Zusammensetzung von Flora und Fauna, gleich wie man sie bewerten mag, sind also keineswegs ausschließlich ein Kennzeichen der Gegenwart. Sie waren vielmehr schon in der Kinderstube der Menschheit Folgewirkungen ihrer Existenz. Damals bildeten diese Eingriffe die Grundlage für das Überleben und ermöglichten die beachtliche Entwicklung unserer Vorfahren bis zum heutigen Tag.

Erfindung der Schrift

Ein weiterer entscheidender Schritt in der Entwicklung der Menschheit war die Erfindung der Schrift im späten 4. Jahrtausend v. Chr.[44] Das Gilgamesch-Epos ist eine der ältesten schriftlich überlieferten Dichtungen. Über Bedeutung und Auswirkungen der Schrift als solcher erfahren wir, aus meiner Sicht bis heute erschöpfend, durch einen (fiktiven) Dialog zwischen der Gottheit Theuth, welche u.a. die Buchstaben erfunden haben soll, und dem ägyptischen König Thamus:

„O kunstreicher Theuth, ein anderer ist fähig, die Werkzeuge der Kunst zu erzeugen, ein anderer wieder zu beurteilen, welches Los von Schaden und Nutzen sie denen erteilen, die sie gebrauchen werden. Auch du sagtest jetzt als Vater der

---

[44] ROBINSON, A., 2004, S. 11 ff.

Buchstaben aus Zuneigung genau das Gegenteil dessen, was sie bewirken. Denn wer dies lernt, dem pflanzt es durch Vernachlässigung des Gedächtnisses Vergeßlichkeit in die Seele, weil er im Vertrauen auf die Schrift von außen her durch fremde Zeichen, nicht von innen her aus sich selbst die Erinnerung schöpft. Nicht also für das Gedächtnis, sondern für das Erinnern erfandest du ein Mittel. Von der Weisheit aber verleihst du deinen Schülern nur den Schein, nicht die Wahrheit. Denn wenn sie vieles von dir ohne Unterricht gehört haben, so dünken sie sich auch Vielwisser zu sein, da sie doch größtenteils Nichtwisser sind, und sie sind lästig im Umgang, da sie statt Weise Dünkelweise geworden sind."[45]

Die Einlassungen des Thamus verdeutlichen auf eindrucksvolle Weise den signifikanten Wandel im Erwerb und der Verbreitung von Wissen durch die Einführung der Schrift.

Mit der Erfindung des Buchdrucks durch Johannes Gutenberg um 1450 n. Chr. wurden die Voraussetzungen für eine beträchtliche Erhöhung der Effizienz der Verbreitung vorhandenen Wissens geschaffen. Ein weiterer Quantensprung fand mit dem Siegeszug der auf der elektronischen Datenverarbeitung basierenden Informations- und Kommunikationstechnik unserer Tage statt. So ist heute grundsätzlich Jedermann via Internet ein beachtlicher Teil des kollektiven Wissens der Menschheit ohne Weiteres zugänglich. Dabei ist allerdings zu berücksichtigen, dass es sich hierbei häufig um Sekundärwissen handelt, das einer kritischen Reflexion und hierauf aufbauend der Erarbeitung weiterführenden Primärwissens bedarf, will man nicht auf einem höheren Niveau der „Dünkelweisheit" verharren.

Unabhängig hiervon wurden globale Kommunikation und weltweite Arbeitsteilung durch den Einsatz der elektronischen Datenverarbeitung erheblich erleichtert. Nicht zu unterschätzen ist dabei die Wirkung der modernen Medien auf die

---

[45] PLATON, 1957, S. 82.

Vielfalt der Sprachenlandschaft. Mit dem diesen unterliegenden binären System als gemeinsamem Nenner geben sie einen prägenden Impuls zur weltweiten Vereinheitlichung der Kommunikationsbasis. Die Vielfalt der Sprachen wird dadurch, wie bereits erwähnt, drastisch reduziert werden.[46]

Ein weiterer Aspekt soll hier abschließend angesprochen werden. Mit der Erfindung der Schrift wurden erstmals Kenntnisse und Informationen überindividuell gespeichert und stehen grundsätzlich, wie vorstehend erwähnt, jedermann zur Verfügung. Auf diese Weise entstand ein neues, bedeutendes, vom Menschen abhängig-materiell-Existierendes, welches, auch in der Weiterentwicklung in Form der elektronischen Datenverarbeitung, zunächst materieller Natur ist.

Gewaltmonopol

Ein ebenfalls entscheidender Schritt in der Entwicklung der Menschheit war die Bändigung von Gewaltausbrüchen. Der alttestamentarische Imperativ „Auge um Auge, Zahn um Zahn" bedeutet, aus dem Kontext der Zeit heraus verstanden, nicht etwa eine Aufforderung zu ungezügelter Vergeltung, sondern im Gegenteil zu deren Begrenzung auf das Maß des selbst erfahrenen Unrechts. Die christliche Botschaft gebietet ihren Anhängern, ihre Feinde zu lieben wie sich selbst und führt damit das Konzept der Deeskalation ein. Diese Aussage gilt aus meiner Sicht unabhängig von den auch von den

---

[46] Vgl. hierzu MAUELSHAGEN, F., in HABER, W. et al. (Hrsg.), 2016, S. 19 ff.

christlichen Kirchen zu vertretenden Gewaltexzessen in der Menschheitsgeschichte.

Im weltlichen Bereich etablierten die Staaten ein Gewaltmonopol gepaart mit der Entwicklung hoheitlicher, streitschlichtender Instanzen. Dies trug erheblich zur innerstaatlichen Befriedung bei und ermöglichte als Grundvoraussetzung eine positive gesellschaftliche Entwicklung.

Auf zwischenstaatlicher Ebene ist dagegen noch kein wirksames Gewaltmonopol organisiert. Zwar steht mit der Organisation der Vereinten Nationen (UNO) eine Institution zur Einschränkung von gewaltsamen Auseinandersetzungen zwischen Staaten zur Verfügung. Ihre Wirksamkeit wird jedoch in der Praxis durch die Interessen dominierender Staaten häufig spürbar eingeschränkt.

Kraftmaschinen und die Erhöhung der menschlichen Mobilität

Ein besonderes Anliegen der Menschen war es seit jeher, sich Wirkmöglichkeiten jenseits ihrer natürlichen körperlichen Begrenzungen zu verschaffen und dadurch das Maß ihrer persönlichen, vor allem physischen Anstrengung zur Gestaltung ihres Lebens zu senken. Erste Erfolge stellten sich hierbei mit der Nutzung geeigneter Tiere wie Hund, Esel, Pferd, Kamel, Dromedar und Elefant ein. Mit deren Hilfe konnten zahlreiche Arbeiten erleichtert, und darüber hinaus ein beachtliches Maß an Mobilität gewonnen werden. Allerdings musste hierfür entsprechende, aus der Sicht des Menschen extrasomatische, Energie in Form von Nahrungsmitteln für diese Tiere zur Verfügung gestellt werden, was wiederum die Versorgung der

Menschen mit Nahrung unmittelbar berührte. Mensch und Tier ernähren sich vom gleichen Land.

Eine kaum zu überschätzende Errungenschaft stellte in der „Alten Welt" die Erfindung des Rades dar, mittels dessen auch große Nutzlasten effizient und effektiv bewegt werden konnten. Bemerkenswert ist in diesem Zusammenhang die Vielfalt der konstruktiven Möglichkeiten, die das Rad jenseits seiner Eigenschaft als zentrales Element der Fortbewegungsmittel eröffnet hat.

Eine besonders stürmische Entwicklung leitete die Erfindung der Dampfmaschine, später der Otto-, Diesel- und Elektromotoren ein. Sie waren und sind es bis heute, auf deren Einsatz unser Wohlstand und unsere Mobilität fußen. Durch solche Kraftmaschinen wird heute insbesondere unter Rückgriff auf fossile Energieträger ein Vielfaches der menschlichen Leistungsfähigkeit zusätzlich zur Verfügung gestellt. Beredtes Zeugnis hierfür ist der enorme Energieeinsatz, der heute pro Person zusätzlich zur individuellen Leistungsfähigkeit eingebracht wird.

Besondere Bedeutung hatte in diesem Zusammenhang die Motorisierung der Schifffahrt, die diese von den Zufälligkeiten der Windkraft befreite und damit den Grundstein für einen zuverlässigen, interkontinentalen Personen- und Güterverkehr legte.

Eine weitere signifikante Erhöhung menschlicher Mobilität gelang durch die Erschließung des Luftraums. Mit Flugzeugen konnten wesentlich höhere Reisegeschwindigkeiten erzielt werden, als mit land- oder wassergebundenen Fahrzeugen. In den vergangenen Jahrzehnten verzeichnete die Luftfahrt hohe Zuwachsraten sowohl im Personen- als auch und insbesondere im Frachtverkehr.

Weniger spektakulär, aber ebenfalls von großer ökonomischer wie ökologischer Tragweite, ist die Erschließung der Unterwasserwelt, deren Bedeutung insbesondere mit der Ausbeutung submariner Lagerstätten von Rohstoffen und Energieträgern anhalten wird.

Erst in Ansätzen, aber durchaus wahrnehmbar verwirklicht ist der Aufbruch der Menschheit in das Universum. Seit am 12.04.1961 mit Juri Alexejewitsch Gagarin der erste Mensch erfolgreich im Weltraum war, wurde eine Vielzahl von künstlichen Himmelskörpern einschließlich zweier Weltraumstationen jenseits der irdischen Atmosphäre etabliert. Mit den Flügen zum Mond hat die menschliche Mobilität ein erstes extraterrestrisches Ziel erreicht. Damit ist zwar noch nicht der Aufbruch in den Weltraum eingeleitet, doch das Problem, sich außerhalb der irdischen Biosphäre in einer nahezu völlig artifiziellen Sphäre zu bewegen, ist dem Grunde nach gelöst.

Bevölkerungsentwicklung

Auf der Basis der vorgenannten Schlüsselerrungenschaften und in Verbindung mit sehr großen Fortschritten der Medizin nahm die Menschheit eine atemberaubende Entwicklung. Ihre Dynamik kann aus der Perspektive eines 1960 geborenen Menschen eindrucksvoll verdeutlicht werden: So dauerte es vom Auftreten des ersten Menschen bis zu seiner Geburt, bis drei Milliarden Menschen gleichzeitig die Erde bevölkerten. Bis zur Verdoppelung dieser Bevölkerungszahl vergingen dagegen nur noch 39 Jahre, denn im Jahre 1999 bevölkerten schließlich 6 Milliarden Menschen die Erde. Im Zeitraum der Veröffentlichung dieses Buches werden es ca. 8 Milliarden sein.

Trotz weltweit inzwischen sinkender Geburtenzahlen wird die Weltbevölkerung auch in den nächsten Jahren weiterhin um ca. 1,35% oder 80 Millionen Menschen je Jahr anwachsen, was etwa der Einwohnerzahl der Bundesrepublik Deutschland entspricht. Allerdings scheint nun der Drehpunkt der S-Kurve der Bevölkerungsentwicklung erreicht zu sein, d.h. die jährliche Bevölkerungszunahme schwächt sich ab.

Informationstechnologie[47]

Nach der Erfindung der Schrift und in der Fortfolge des Buchdrucks eröffnet die Informationstechnologie heute erneut einen wirkmächtigen Weg zur weiterführenden Überwindung der natürlichen körperlichen und geistigen Begrenzungen der Menschen. Im Gegensatz zu den vorgenannten Evolutionsschritten birgt sie ein signifikant höheres Potenzial.

Im digitalen Zeitalter wird menschliches Leben nicht graduell, sondern grundsätzlich verändert werden. So ist heute weltweit der elektronische Zugriff auf nahezu das gesamte Wissen der Menschheit in der aktuellen Ausprägung via Smartphone bei entsprechenden Verträgen zeitnah und preisgünstig möglich. Enzyklopädien, Wörterbücher, DVD, Blue-Rays, CDs, um nur Einiges zu nennen, werden entbehrlich. Aufgaben, wie etwa der notwendige Einkauf von Nahrungsmitteln, die

---

[47] Die folgenden Ausführungen lehnen sich an BOLZ, H. R., 2020, S. 52 ff. an.

Organisation des persönlichen Haushalts und die persönliche Mobilität können in Zukunft Zug um Zug durch intelligente, netzbasierte Assistenten automatisiert werden.

Überhaupt wird sich die Interaktion zwischen Mensch und Netz grundsätzlich verändern. An die Stelle von Dateneingaben an Schnittstellen tritt bereits heute die Erfassung gigantischer Datenmengen durch automatisiertes Scannen und deren Interpretation und Aufbereitung durch Algorithmen unter Ausbildung und Nutzung künstlicher Intelligenz. Beachtlich ist in diesem Zusammenhang, wie freigiebig viele Menschen unter freiwilligem Verzicht auf bestehenden und gewährten Datenschutz via Akzeptanz von Geschäftsbedingungen großer Provider wie Amazon, Apple, Facebook oder Google Zugang zu sensiblen persönlichen Daten gewähren. Sie geben damit ihre digitale Souveränität preis.

Als Attraktor im Sinne der deterministischen Chaostheorie[48] kann derzeit das Smartphone angesehen werden. Dieses bündelt und unterstützt immer mehr Aktivitäten des täglichen Lebens. Besonders bemerkenswert ist, dass seine Leistungsfähigkeit bei gleichzeitiger Miniaturisierung ständig steigt. Denkbar ist durchaus, dass dieses Werkzeug, natürlich in weiter entwickelter Form, in näherer Zukunft als Gehirn-Computer-Schnittstelle körperintegriert eingesetzt werden kann.

Mit dem weltweiten, digitalen Netz ist ein weiteres, abhängig-materiell Existierendes entstanden. Im Gegensatz zur Schrift beherbergt dieses Algorithmen, die innerhalb dessen modellierend tätig sein können. Derzeit sind diese Aktivitäten (noch)

---

[48] Vgl. Zum Begriff: PEITGEN, H.-O., et al., 1992, S. 279 sowie GERHARDT, M., SCHUSTER, H., 1995, S. 9 und 92 ff.

von der Zustimmung materiell-biologisch-bewusst Existierender abhängig.

Wesentielles

Mit dem Bewusstsein der Gattung Homo und schlussendlich des Homo sapiens startete auf der Erde eine Entwicklung, wie sie bisher noch von keiner Art organisiert werden konnte. Ursache hierfür ist die Fähigkeit des modernen Menschen, seine natürlichen körperlichen und geistigen Begrenzungen zunehmend zu überwinden. Die Fähigkeit hierzu wurzelt in den einzelnen Individuen, die sich in diesem Bestreben mit anderen verbinden. Die gewonnenen Fähigkeiten und Kenntnisse werden überindividuell auf nicht-biologischem Weg gesichert und stehen – mit gewissen Einschränkungen – weltweit zur Verfügung.

Der Zugang zu diesem globalen Wissen wird Zug um Zug erleichtert. Zunehmend wesentliches Instrument hierfür ist das Smartphone. Mittels dessen kann sich jeder heute zu jeder Zeit und an nahezu jedem beliebigen Ort mehr Wissen erschließen, als dies den mächtigsten Politiker beispielsweise in der frühen zweiten Hälfte des vergangenen Jahrhunderts zur Verfügung stand. Besonders bemerkenswert ist in diesem Zusammenhang die Miniaturisierung der Geräte. Was in den 60er Jahren des vergangenen Jahrhunderts einen Computer mit dem Platzbedarf einer Turnhalle erfordert hätte, vermag heute leicht ein Smartphone zu leisten – und dieser Prozess der Miniaturisierung hält weiter an.

All' dies in Betracht gezogen ist der Mensch als Menschheit ein den Planeten Erde signifikant gestaltender Akteur. Zweifellos gab es in der Erdgeschichte auch andere Lebewesen, deren Aktivitäten zu dramatischen globalen Veränderungen führten. Ich denke hierbei etwa an die bereits erwähnten Cyanobakterien. Zwischen diesen und den Menschen besteht jedoch ein signifikanter Unterschied: Menschliches Handeln und dessen Auswirkungen sind wesentlich komplexer und in ihrer Wirkung auf die Erhaltung einer Art, nämlich des Homo sapiens, gerichtet. Der Mensch passt sich nicht im Sinne der genetischen Evolution an sich verändernde Rahmenbedingungen des materiell und des materiell-biologisch Existierenden an. Er gestaltet vielmehr inmitten des Wandels hinreichend stabile Lebensbedingungen für sich und gewährleistet dadurch sein Weiterleben als Art.

Ein weiterer Aspekt erscheint mir hier besonders erwähnenswert. Homo sapiens stützt sich in seiner Entwicklung intensiv auf die unbelebte und belebte Natur. Da er dabei mehr Bedürfnisse befriedigt, als die im wahrsten Sinne des Wortes zum nackten Überleben erforderlichen, schert er aus der bisherigen natürlichen Routine aus. Seine Eingriffe in die Natur sind übergriffig. Die Natur auf der Erde liefert zunehmend nicht mehr die Ressourcen und Rahmenbedingungen, die für diesen Lebensstil des Homo sapiens erforderlich sind. Dazu ist die im Vergleich zur genetisch basierten sehr rasche und wirkmächtige memetische Entwicklung zu forderd. Es wird daher eine Neuverortung des Menschen im natürlichen System erforderlich. Diese kann meiner Auffassung nach nur in künstlichen Ambienten erfolgen.[49]

---

[49] Vgl. hierzu BOLZ, H. R., 2014.

Zwischenfazit

Vorausgehend habe ich vergleichsweise detailliert den Gang der Entwicklungen des materiell, materiell-biologisch und materiell-biologisch-bewusst Existierenden dargestellt. Damit wollte ich ein besseres Verständnis für die dem jeweilig Existierenden zu Grunde liegende Natur ermöglichen. Festzuhalten ist, dass alle drei Existierenden sich auch heute noch in einer spürbaren Entwicklung befinden. Die des materiell Existierenden ist dabei eine, deren Entwicklung in vergleichsweise langen Zeiträumen voranschreitet, während die des materiell-biologisch-bewusst Existierenden sehr rasch unterwegs ist. Festzuhalten ist weiter, dass das materiell-biologisch und das materiell-biologisch-bewusst Existierende jeweils aus der vorhergehenden Entwicklung emergiert sind. Dabei entstanden nicht nur über die gemeinsamen Bausteine komplexe Verbindungen mit stets erheblichen Rückwirkungen auf die jeweiligen anderen Entwicklungen. Mit Blick auf den Homo sapiens hat das Komplexitätsniveau inzwischen ein hohes Maß erreicht.

Es besteht zunehmend Konsens darüber, dass das Verhältnis der Menschheit, getragen vom Homo sapiens, zum materiell und materiell-biologisch Existierenden sehr problembeladen ist und in der bestehenden Form nicht in die Zukunft getragen werden kann. Dies ist aus meiner Sicht jedoch nur ein Teil dessen, was uns beschäftigen muss. Der andere Teil der Wahrheit ist der Umstand, dass mit der elektronischen Datenverarbeitung und den darauf aufbauenden Potenzialen des weltweiten Netzes eine neue, in diesem Fall binär getragene Entwicklung angestoßen werden könnte. Ein materiell-bewusst-Existierendes (Superintelligenz) könnte entstehen.

Dessen potenzielle Entwicklung wird bis jetzt vom Menschen getragen. Sie steht und fällt daher mit dessen Existenz, die, wie bereits erwähnt, gefährdet ist. Die nachstehenden Ausführungen entwickeln daher als Zwischenschritt zunächst ein Modell, wie die Nachhaltige Entwicklung der Menschheit gesichert werden kann.

Nachhaltige Entwicklung der Menschheit

Mit den vorstehenden Überlegungen habe ich versucht, nachvollziehbar zu machen, dass das Auftreten auch einer Superintelligenz und damit einer neuen Art der Evolution nichts Überraschendes, sondern eher etwas nahezu Zwangsläufiges sein wird. Trotz aller Fortschritte auf dem Gebiet der elektronischen Datenverarbeitung scheint die Emergenz einer solchen Superintelligenz jedoch (noch) nicht in der näheren Zukunft statt zu finden. Daher setzt die Frage, ob man sich überhaupt mit dieser Thematik auseinandersetzen muss, die fortdauernde Existenz der Menschheit voraus. Sollte die Menschheit in näherer Zukunft ihre Überlebensfähigkeit einbüßen, dann ginge mit ihr auch die digitale Welt zugrunde.

Kann sich die Menschheit nachhaltig entwickeln? Mit dieser Frage haben sich unzählige Autoren beschäftigt. So befürchtet F. FUKUYAMA das Ende des Menschen[50], während A. WEISMANN bereits die Welt ohne Menschen[51] beschreibt. Andere Autoren, wie etwa K. M. MEYER-ABICH[52] oder AL GORE[53] erarbeiteten Vorschläge zur Sicherung der Zukunft der Menschen auf der Erde. U. GROBER[54] hat schließlich viele dieser Überlegungen unter das Dach des Begriffes „Nachhaltigkeit" gestellt.

Gemeinsam ist diesen und anderen Arbeiten zu diesem Thema die Begrenzung der Optionen der Menschheit auf den

---

[50] FUKUYAMA, F., 2002.
[51] WEISMANN, A., 2007.
[52] MEYER-ABICH, K. M., 1984.
[53] GORE, AL, 1992.
[54] GROBER, U., 2010.

Planeten Erde, sowie aus meiner Sicht ein wenig ausgeprägtes Verständnis für die irreversiblen und sich dynamisch entwickelnden Wirkungen der memetischen Evolution.

Die Auseinandersetzung mit der Frage nach der Zukunft der Menschheit bedarf zunächst einer präziseren Definition des Nachhaltigkeitsbegriffs, als dies derzeit weitgehend der Fall ist. Erst mit der Beantwortung dieser Frage wird man der darauffolgenden nachgehen können, nämlich wie die Nachhaltige Entwicklung der Menschheit konkret gestaltet werden muss. Erst hieran anknüpfend sind dann Gedanken zur möglichen Entwicklung von Superintelligenz und zum Umgang mit dieser sinnvoll.

Nachhaltigkeit[55]

Kein anderer Begriff wird heute intensiver verwendet, als der der „Nachhaltigkeit". Es gibt inzwischen nahezu keinen Lebensbereich, in dem die Vokabel nicht inflationär und dabei im Grunde inhaltslos in allen denkbaren Zusammenhängen ge(miss)-braucht wird. Dies ist besonders bedauerlich, wenn man bedenkt, unter welchen Umständen und mit welch' visionärer Kraft dieser Gedanke vor mehr als 300 Jahren formuliert wurde.[56] Ich versuche daher im Folgenden, diese Vision vertieft zu interpretieren.

---

[55] Die nachstehenden Ausführungen orientieren sich an BOLZ, H. R. 2020, S. 28 ff.
[56] Vgl. hierzu CARLOWITZ, H. C. von, 1713.

Nachhaltigkeit – eine anthropogene und anthropozentrische Leitidee

Im Gegensatz zur belebten, nicht-menschlichen Natur, dem materiell-biologisch Existierenden, ist die Menschheit als Folge der Wirkungen der memetischen Evolution in der Lage, ihre Umgebung so zu gestalten, dass sie dauerhaft hinreichende Voraussetzungen für ihre im Übrigen kontingente Entwicklung bietet. Insofern verhält sie sich zumindest auf dem Niveau einer fortgeschrittenen memetischen Evolution signifikant anders als die belebte, nicht-menschliche Natur. Sie überlagert zunehmend ihre genetisch basierte Evolution durch die memetische und erzielt dadurch signifikante Vorteile für die Erhaltung ihrer Art. Dabei findet anhaltend bereits heute ein Rückzug in artifizielle geprägte Ambienten statt. Im Umkehrschluss heißt dies, dass die Übertragung menschlicher Nachhaltigkeitsüberlegungen auf die belebte, nicht-menschliche Natur einen wesensfremden Eingriff in deren genetische Programmierung darstellt.

Vor den heutigen Anstrengungen Einzelner, von Gruppen oder Gesellschaften, die Natur zur Befriedigung eigener Bedürfnisse zu nutzen, findet man schon früh im christlich-religiösen Umfeld den göttlichen Auftrag: „Seid fruchtbar und mehret euch, füllet die Erde und machet sie untertan und herrschet über des Meeres Fische, die Vögel des Himmels und über alles Getier, das sich auf Erden regt!" [57]

---

[57] Das Alte Testament, Genesis 1,28. Vgl. hierzu auch HABER, W., 2013, S. 9 ff.

Dieses göttliche Gebot war ein Reflex auf den Umstand, dass die sich memetisch emanzipierende Menschheit nicht mehr auf der Grundlage der Leistungen geschlossener natürlicher Kreisläufe weiterentwickeln konnte. Sie musste daher den natürlichen Ertrag durch menschliches Einwirken (Modellieren) erhöhen. Diesen Auftrag kann man im übertragenen Sinn als zeitlos interpretieren und auf die Nutzung der bio- und informationstechnologischen Optionen übertragen. Gleichzeitig ist er ein erster Hinweis auf die Anthropozentrik des Nachhaltigkeitsgedankens.

Die Spezies der belebten, nicht-menschlichen Natur waren vor dem wirkmächtigen Auftreten des Menschen, und sind dies auch heute noch, weitestgehend dem dynamischen Wandel ihrer Lebensgrundlagen ausgesetzt. Dies kann dazu führen, dass sie durch dann besser angepasste Arten aus ihrem Lebensraum verdrängt oder gar vom Aussterben bedroht werden. Diese Eigenschaft der Natur kann man derzeit sehr deutlich am Beispiel des Einwanderns der Neobiota beobachten.[58]

Die wachsende Unabhängigkeit der Menschheit von ihren natürlichen Rahmenbedingungen und Programmierungen und damit auch von Wirkungen der natürlichen Variation und Selektion schlägt sich nicht zuletzt auch im Rückgang derer Reproduktionsrate nieder. Im Gegensatz zur belebten, nicht-menschlichen Natur hat sie die Sterblichkeit ihres Nachwuchses drastisch reduziert. Sie kann deshalb auch die das biologisch-genetische Erbe repräsentierende, ungehemmte, natürliche Reproduktionsrate bewusst und aktiv, etwa durch Empfängnisverhütung, senken. Überhaupt ist der sexuelle Kontakt

---

[58] Vgl. hierzu sehr anschaulich: KEGEL, B., 2021.

zwischen Menschen vor allem der Wohlstandsstaaten weitestgehend von seiner natürlichen Bedeutung entkoppelt und dient überwiegend, mitunter bereichert durch „Spielzeug", einem memetisch basierten Lustgewinn.

Vor diesem Hintergrund wird deutlich, dass sich der Begriff „Nachhaltigkeit" folgerichtig durchdacht nur auf die Entwicklung der menschlichen Gesellschaft beziehen kann. Allein diese kann grundsätzlich „nachhaltig" sein. Lediglich die Menschen sind in der Lage, die dauerhafte Entwicklung ihrer Spezies auch jenseits ihrer natürlichen körperlichen und geistigen Begrenzungen und gegen die natürliche Dynamik zu organisieren.

Im Gegensatz hierzu wird auch die Auffassung vertreten, die Reintegration des Menschen in natürliche Kreisläufe sei eine Möglichkeit der Nachhaltigen Entwicklung der Menschheit. Diese Ansicht unterstütze ich nicht. Die Gesetzmäßigkeiten der biologisch-genetischen Evolution sind uns insbesondere hinsichtlich eines etwaigen Zieles unzugänglich. Offensichtlich ist, dass sich Leben als solches auch nach dramatischen Katastrophen immer wieder neu entfaltet. Anders als beim Menschen ist die belebte, nicht-menschliche Natur jedoch nur in geringem Maße in der Lage, ihre Lebensumstände speziesbezogen zu modellieren. Dies schließt die Möglichkeit mit ein, dass Spezies bei sich ändernden Rahmenbedingungen ihre Lebensgrundlagen verlieren und untergehen. So sind seit Entstehung des Lebens 98 % aller aufgetretenen Arten ausgestorben. Insofern kann eine Orientierung der Menschen an natürlichen Kreisläufen keine Blaupause für eine Nachhaltige Entwicklung der Menschheit liefern. Auch aus dieser Perspektive ist Nachhaltigkeit eben eine anthropogene Idee und wirkt anthropozentrisch.

Nachhaltigkeit ist, auf den Punkt gebracht, ein Phänomen der memetischen Evolution. Sie bedeutet, dass zu jedem auch in der Zukunft liegenden Zeitpunkt die notwendigen Voraussetzungen für erkennendes und erfahrendes menschliches Leben gegeben sind.[59] Dies setzt im memetischen Sinne auch voraus, dass Menschen über die Befriedigung ihrer Grund- und Sicherheitsbedürfnisse hinaus über zeitliche und finanzielle Freiräume verfügen. Erst dann besteht die Möglichkeit, im Sinne der Gewährleistung einer Nachhaltigen Entwicklung im erforderlichen Umfang die dauerhaften Grundlagen für erkennendes und erfahrendes menschliches Leben zu gewährleisten, indem Engpässe durch Innovationen vor allem wissenschaftlicher und technologischer Art ausgeglichen werden. Dieser Freiraum wurde insbesondere durch die zeitliche und räumliche Entkoppelung der Sicherung der Ernährungsgrundlage der Menschen geschaffen und wird sicherlich durch die Wirkungen der bio- und informationstechnologischen Revolution weiterwachsen.

Dimensionen der Nachhaltigkeitsidee

Der Nachhaltigkeitsbegriff wird heute regelmäßig sehr verengt interpretiert. Er hat jedoch mehrere Dimensionen, die nachstehend dargestellt werden.

---

[59] BOLZ, H.R., 2005, S. 67.

Die Nachhaltigkeitsidee absolut

Das Thema Nachhaltigkeit ist zwar ebenso inflationär wie inhaltslos in aller Munde, persönlich vermisse ich in diesem Zusammenhang eine Letztbegründung.

Zunächst könnte man diese im genetischen Erbe der Menschen vermuten. Das Bedürfnis nach Weitergabe des Erbguts, der DNA, an Nachfahren ist ein Charakteristikum des materiell-biologisch Existierenden. Hieraus ergibt sich die Notwendigkeit, zumindest bis zur Selbständigkeit des Nachwuchses für auskömmliche Lebensbedingungen zu sorgen. So mündet diese Besorgnis Generation für Generation in eine dauerhafte, nachhaltige Entwicklung.

Beim memetisch geprägten Menschen verstummt dieses genetische Erbe zusehends. Aus dem biologischen Geschlecht wird ein soziales (im Sinne des Managing Diversity), an welches sich die Entvergeschlechtlichung des Menschen zur Person, zum Es, anschließt. Der ursprünglich prägende Kinderwunsch wird untergehen. An seine Stelle wird die menschliche Population möglicherweise transindividuell auf künstlichem Wege im noch erforderlichen Umfang reproduziert werden. Vielleicht wird die Menschheit eines Tages sogar in einer Generationengegenwart verharren. Die heute durchaus zu beobachtenden, individualisierten und gegenwartsbezogenen Einstellungen der Menschen etwa in Mitteleuropa könnten bereits in diese Richtung weisen.

Aus dem vorstehend Angeführten ergibt sich, dass das Bedürfnis nach Weitergabe menschlichen Lebens keine belastbare Letztbegründung für eine Nachhaltige Entwicklung der Menschheit sein kann.

Einen anderen Grund, sich, mehr im individuellen Bezug, für eine Nachhaltige Entwicklung einzusetzen, könnte man im Streben nach persönlichem Glück (Eudaimonismus) sehen. Die unterschiedlichen Facetten dieses Strebens erfordern gemeinsam dauerhaftes Engagement, um eben dieser Befindlichkeit des Glücklichseins habhaft zu werden. Es stellt sich allerdings die Frage, ob sich angesichts der Unbestimmtheit des Begriffes Glück tatsächlich auf dieser Grundlage eine Nachhaltige Entwicklung etablieren kann.

Bereichert man den Begriff Glück um die Forderung, das ethisch Richtige zu tun, dann löst man sich zweifellos aus einem engeren individuellen Bezug. Gleichwohl begegnet das Streben nach dem ethisch Richtigen den gleichen Vorbehalten, wie diese beim Streben nach Glück bestehen.

Bleibt aus meiner Sicht das Streben nach Erkenntnis. Die Spezies Mensch ist charakterisiert durch einen ungeheuren und ungebrochenen Wissensdurst. Diesem hinterliegt ein metaphysisches Bedürfnis, nämlich das nach Beantwortung der Frage nach dem Sinn des Daseins, nach einer Erkenntnis, jenseits derer es keine weitere mehr gibt. L. JAEGER etwa beschreibt das so:

> „Dass sich Physiker als Wissenschaftler keiner spirituellen Bezüge mehr bedienen, bedeutet natürlich nicht, dass sie dies als Menschen nicht dennoch tun. *Als Physiker* fragen sie nach den Wirkungs- und Kausalmechanismen, *als Menschen* fragen sie auch danach, was und wozu wir hier sind."[60]

---

[60] JAEGER, L., 2018, S. 399. Vgl. hierzu auch HAWKING, S., 2018, S. 3 ff.

Zumindest bis heute ist diese Suche überindividuell wirksam und nicht etwa ausselektiert. Mit dem Ringen um Erhalt und Mehrung der Meme kann sie das Pendant zum Erhalt der Replikatoren der genetischen Evolution sein. Da der Wissenserwerb je Zeiteinheit beim Menschen nicht unendlich groß sein kann, bedarf es bis zum Erlangen einer letzten Erkenntnis großer Zeiträume. Dies kann nur im Rahmen einer Nachhaltigen Entwicklung erfolgen. Inwieweit die Menschheit auf diesem Weg unterstützt wird von künstlicher Intelligenz oder ob diese den Menschen auf diesem Weg und mit möglicherweise anderer Zielsetzung ablöst, ist eine der großen Fragen und Herausforderungen der näheren Zukunft. Insofern ist das Streben nach Erkenntnis die Letztbegründung für die Nachhaltige Entwicklung der Menschheit. Das Streben nach Erkenntnis wird dabei durch die Kontingenz menschlicher Entwicklung nicht eingeschränkt, sondern ist im Gegenteil deren Voraussetzung.

Vor dem Hintergrund der vorstehenden Überlegungen schließe ich den Fall aus, dass die Menschheit kollektiv ihren Untergang beschließt.

Die Nachhaltigkeitsidee normativ

Wie bereits ausgeführt ist die Nachhaltigkeitsidee anthropogenen Ursprungs und wirkt anthropozentrisch. Heute ist insbesondere in den modernen Wohlfahrtsstaaten eine Tendenz zu beobachten, die Idee der Nachhaltigen Entwicklung auch, mit teilweise erheblichem Ressourcenaufwand, auf nicht-menschliche Lebewesen zu übertragen, sie also nicht anthropozentrisch sondern bio- (oder gar holozentrisch) zu

63

interpretieren. Subsummiert werden diese Anstrengungen unter dem Leitmotiv „Erhaltung der Biodiversität". Hierunter wird die Erhaltung der bestehenden Artenvielfalt als solcher, derer genetischer Vielfalt innerhalb der einzelnen Arten sowie die der gegebenen Vielfalt der Ökosysteme und Funktionen verstanden.

Die Elemente der belebten, nicht-menschlichen Natur, also des materiell-biologisch Existierenden, erschließen sich in einem ununterbrochenen Wettlauf Nischen, in denen sie für sich optimale Reproduktionsbedingungen finden. Optimal beschreibt in diesem Zusammenhang insbesondere die Chance, eine möglichst große Zahl an Nachkommen zu generieren. Dies ist deshalb sehr wichtig, weil die Anpassung an sich ändernde Umweltbedingungen neben Wanderungen durch Variation und anschließende Selektion erfolgt. Die Wahrscheinlichkeit einer Variation und damit neben möglichen Beeinträchtigungen auch die eines wachsenden Potentials für die Selektion steigt bei der genetisch programmierten Evolution mit der Zahl der Nachkommen.

Im Zusammenspiel komplexer Umweltfaktoren kann es durchaus vorkommen, dass sich die Lebensgrundlagen einer Art sehr weitreichend verändern. Übertreffen diese Änderungen das Anpassungsvermögen, dann fällt dadurch diese Spezies aus ihrem Optimum, sie wird verdrängt oder geht gar unter.

Die vorstehenden Betrachtungen zeigen erneut, dass zwischen den Überlebensstrategien der Menschheit und denen der belebten, nicht-menschlichen Natur signifikante Unterschiede bestehen. Erstere gestaltet, letztere passt sich an. Das

Zusammenspiel dieser beiden Entitäten kann man nun ideal-typisch aus zwei entgegengesetzten Perspektiven betrachten:

1. Menschheit ist integraler Bestandteil der Natur.

2. Menschheit steht außerhalb der belebten, nicht-menschlichen Natur.

Betrachtet man die Menschheit als integralen Bestandteil der Natur, dann wäre ihr Handeln zunächst nicht anders zu beurteilen, als das anderer Biota. Dies auch im Hinblick auf ihre Wirkungen im Ökosystem. Sie wäre, wie alle anderen Arten auch, eine Repräsentantin der natürlichen Dynamik. Unerheblich wäre bei dieser Betrachtung der Umstand, dass sie als Folge ihrer memetischen Evolution signifikant wirkmächtiger ist, als der Rest der Natur.

Wollte man diese memetisch bedingten Wirkungen, im Gegensatz zu den vorstehenden Ausführungen, aus welchen Gründen auch immer, jedoch vermeiden, so bedeutete dies den Verzicht der Menschheit auf weite Teile der derzeit eingesetzten extrasomatischen Energie. Die Folgen hiervon wären für einen Großteil der Menschen jedoch unübersehbar und nicht akzeptabel. Insofern stellt dieser Weg keine Option dar.

Stellt man die Menschheit wegen ihrer zunehmend memetisch geprägten Charakteristik zwangsläufig und konsequenterweise neben die Natur, dann erfordert dies den Aufbau konzentrierter künstlicher Ambiente und möglichst weitgehend künstlich erzeugter somatischer Energie. Danach könnte die belebte, nicht-menschliche Natur in ihre genetisch programmierte Entwicklung zurückkehren. Die möglicherweise erforderliche Entlastung der unbelebten, nicht-menschlichen

Natur, des materiell Existierenden, könnte auf dem Wege der Überwindung der planetarischen Grenzen erfolgen.

Heute bewegt sich die Menschheit zwischen diesen Extremen. Die Integration in natürliche Kreisläufe hat sie bereits weit hinter sich gelassen. Die Auswirkungen dieser Entwicklung auf die gesamte Natur sind beträchtlich. Diese werden neben dem Klimaschutz derzeit auch unter dem Aspekt der Erhaltung der Biodiversität diskutiert.

Wenn „Erhaltung der Biodiversität" bedeutet, dass (bestimmte) Arten der natürlichen Dynamik entzogen und dadurch in ihrem aktuellen Zustand gefördert, ihnen also quasi menschenähnlich stabile Lebensräume „garantiert" werden sollen, dann steht dieser Ansatz im absoluten Gegensatz zu den Wirkmechanismen der genetischen Evolution.

Die Menschheit ist heute in der Lage, die natürlichen Rahmenbedingungen für ihre rasante Entwicklung unter einem enormen extrasomatischen Energieeinsatz zu modellieren. So setzt ein Mensch in Deutschland dauerhaft etwa das 100-fache seiner natürlichen Leistungsfähigkeit in Form von Energie zur Gestaltung seiner Lebensumstände ein. Verallgemeinert betrachtet wirkt die menschliche Population damit sehr intensiv auf das natürliche System ein, wesentlich intensiver, als dies die Anzahl von derzeit 7,8 Milliarden Menschen zunächst vermuten lässt. Sehr stark geprägt werden hierdurch die Lebensräume und -umstände der Biota. Sie sind faktisch in eine Symbiose mit der Menschheit gezwungen. Eine Symbiose, in der harte Gesetze gelten: Alles, was ihr nutzt, fördert sie, alles, was ihr schadet drängt sie zurück oder löscht es sogar aus, der Rest kann für sich bleiben.

Vor diesem Hintergrund wird Artenschutz ein weiteres Mal herausfordernd. Durch den prägenden Einfluss der Menschheit auf das Ökosystem in Verbindung mit der Dynamik der menschlichen Entwicklung unterliegen die Lebensgrundlagen nicht-menschlicher Biota, auch solcher, die in Symbiose mit den Menschen leben, nicht zuletzt auch als Folge des Klimawandels einem andauernden und rasanten Wandel. Neben solchen, die davon profitieren, können viele einheimische Arten diesem Wandel nicht folgen. Gleichwohl verspürt der Mensch Verantwortung für sie und ist geneigt, sie mit erheblichem Aufwand zu schützen. Da dieser Schutz gegen den stattfindenden, sowohl natürlich wie menschlich bedingten Wandel erfolgt, verzehrt er umfangreiche Ressourcen bei fraglichem Erfolg. Diese Ressourcen fehlen wiederum zur Gestaltung der Rahmenbedingungen, die die Nachhaltige Entwicklung der Menschheit gewährleisten. Es bahnt sich hier ein verhängnisvoller Regress an, der im bestehenden gesellschaftspolitischen Paradigma nicht gelöst werden kann. Daher kommt in diesem Spannungsfeld dem Staat als subsidiär wirksamem Garanten der Nachhaltigen Entwicklung der heute lebenden Menschen und künftiger Generationen eine große Bedeutung zu[61], auf die später eingegangen wird.

Die Nachhaltigkeitsidee strategisch

Auf dieser Ebene ist die Frage zu stellen, ob ein konkretes Produkt und der damit verbundene Ressourcenaufwand überhaupt relevant für die Nachhaltige Entwicklung der

---

[61] BOLZ, H. R., 2013.

Menschheit sind. Im Kern handelt es sich hier um die Suche nach Suffizienz, wobei die Frage „ob überhaupt" lediglich ein Spezialfall derselben ist.

Wieviel eines Produktes ist genug? Muss etwa ein Fahrzeug für das deutsche Straßennetz wirklich mehr als 100 kW Motorleistung haben, um im angemessenen Umfang zur Nachhaltigen Entwicklung durch Mobilität beizutragen? Zur Verdeutlichung: Während man noch vor nicht allzu langer Zeit über die Entwicklung von 3-Liter-Fahrzeugen, gemeint ist der Verbrauch je 100 Kilometern, nicht der Hubraum, nachgedacht hatte, überfluten heute riesige, hochmotorisierte Karossen Deutschlands Straßen, in ganz erstaunlichem Maße SUV. Bemerkenswert ist auch, dass sich dieser Trend nach gewaltigen Karossen auch bei den zunehmend in Gebrauch kommenden Elektrofahrzeugen fortsetzt.

Dieser Aspekt der strategischen Dimension der Nachhaltigkeitsidee wird aktuell kaum beachtet. Hier waltet in großem Umfang das freie Spiel der (Markt-)Kräfte, wobei die bekundete Einstellung der Menschen zu Umweltschutz und Nachhaltigkeit in keinem signifikanten Zusammenhang zu ihrem tatsächlichen Verhalten zu stehen scheint.

Die Nachhaltigkeitsidee operativ

Diese Dimension umfasst den Erzeugungsprozess von Produkten. Dabei ist darauf zu achten, dass der Ressourcenverbrauch für deren auf hohen sozialen Standards erfolgende Herstellung möglichst gering ist, ihr Gebrauch neben einem großen Nutzen so wenig wie möglich negative

Beeinträchtigungen der Nachhaltigen Entwicklung erzeugt und deren Entsorgung im Sinne der Grundsätze einer Kreislaufwirtschaft wiederum sehr schonend erfolgen kann.

Diese Dimension der Nachhaltigkeitsidee ist in Ansätzen in Gesellschaft, Wirtschaft und Politik durchaus verankert. Ohne eine Berücksichtigung der Beziehungen eines Produktes zu den höheren Dimensionen der Nachhaltigkeitsidee ist die Wirksamkeit dieses Ansatzes jedoch sehr eingeschränkt. Ein im Sinne der Nachhaltigen Entwicklung unnötiges oder gar schädliches Produkt kann noch so „nachhaltig" hergestellt sein, es dürfte nicht produziert werden. Dabei darf auch nicht der sogenannte Rebound-Effekt außer Acht gelassen werden. Wenn ein Produkt etwa eine höhere Energieeffizienz als das Vorgängermodell hat, dann wird dieser Effekt häufig dadurch zu Nichte gemacht, dass ein höherer Standard erworben wird. Ein Beispiel hierfür sind moderne LED-Fernsehgeräte, die zwar je Quadratzentimeter Bildfläche einen geringeren Energiebedarf haben, die damit verbundene Einsparung allerdings durch größere Bildschirme aufgezehrt wird.

Die vorstehenden Überlegungen haben gezeigt, dass Nachhaltigkeit als Voraussetzung für einen weitestreichenden Erkenntnisgewinn das memetische Pendant zur Erhaltung der DNA als wesentlichem Replikator der genetischen Evolution ist. Wenn man Nachhaltigkeit als memetische Leitidee akzeptiert, dann sind menschliche Aktivitäten eben an dieser Orientierung zu beurteilen. Sie können für die Nachhaltige Entwicklung fördernd, neutral oder hinderlich sein. Dabei ist auch zu bedenken, dass in jeder einzelnen menschlichen Handlung sowohl positive, neutrale wie negative Effekte repräsentiert sein können. Die weltweite Mobilität hat beispielsweise sehr viel zum gegenseitigen Verständnis, zur Wertschätzung und

zum Nutzen der Menschen unterschiedlichster Herkünfte bei-
getragen. Zweifellos sind damit auch negative Auswirkungen
auf die natürlichen Lebensgrundlagen verbunden, welche
wiederum für die Nachhaltige Entwicklung der Menschheit
beachtenswert sein mögen. Vor diesem Hintergrund diese
Mobilität einschränken oder gar unterbinden zu wollen, wird
der Komplexität des Ganzen jedoch nicht gerecht.

Allgemeiner gesprochen bedeutet dies, dass bei der Beurteilung von Maßnahmen zuallererst geprüft werden muss, welchen positiven Beitrag diese für die Nachhaltige Entwicklung
unserer Gesellschaft haben. In einem zweiten Schritt sind
dann die negativen Wirkungen zu beurteilen. In einem dritten
Schritt ist zu prüfen, wie diese negativen Auswirkungen ver-
mindert werden können. Erst wenn hiernach der positive Beitrag zur Nachhaltigen Entwicklung überkompensiert wird,
muss auf die Maßnahme verzichtet werden.

Risiken für die Nachhaltige Entwicklung

Nach weit verbreiteter Auffassung gefährdet die Menschheit
ihre Nachhaltige Entwicklung. So weisen M. WACKERNAGEL
und B. BEYERS darauf hin, dass der globale menschliche Fuß-
abdruck die Biokapazität der Erde deutlich übersteigt[62]. Globale Erwärmung, Artenverlust, Anstieg der Meeresspiegel,
Überfischung, Plastikmüll in den Meeren, Vernichtung der
Tropenwälder, Überdüngung der Felder, Massentierhaltung,
um nur einiges zu nennen, werden als ökologische

---

[62] WACKERNAGEL, M., BEYERS, B., 2016, S. 132 ff.

Katastrophen identifiziert.[63] Daneben bestehen andere Risiken, die sich etwa aus der Nutzung der Kerntechnik im militärischen Bereich ergeben, einem Waffenarsenal, mit dem die Menschheit nach wie vor mehrfach ausgelöscht werden kann. Diese Fakten sind nicht erst seit heute bekannt. Sie haben zu vielen internationalen Konferenzen und Vereinbarungen geführt. Die Umsetzung der angedachten Maßnahmen bleibt aus der Sicht Vieler allerdings hinter dem Erforderlichen zurück.

Aus meiner Sicht darf das nicht verwundern. Es wurde bisher die Frage hinter der Frage nicht gestellt. Welcher Treiber hinterliegt der Wirkmächtigkeit menschlichen Daseins, der zu diesen schwerwiegenden Folgen führt? Wie bereits vorne dargestellt ist dieser Treiber das Mem. Erst, wenn dieser Umstand erkannt und akzeptiert wird, wird man in der Lage sein, wirkungsvolle Strategien zur Sicherung der Nachhaltigen Entwicklung der Menschheit zu etablieren. Erst dann wird es möglich sein, aus den bestehenden Denkblockaden auszubrechen, als da sind die Fixierung auf die Wirkmechanismen der nicht-menschlichen Natur sowie die „wir haben nur einen Planeten"-Philosophie.

Die Lösung: Der memetische Pfad

Umgesetzt führen diese Überlegungen zum „memetischen Pfad".[64] An der Schnittstelle der genetischen und der memetischen Evolution entstehen viele für den Fortbestand der

---

[63] Vgl. hierzu: KOPATZ, M., 2018, S. 11.
[64] Vgl. hierzu und zu den folgenden Ausführungen BOLZ, H. R., 2004.

Menschheit kritische Situationen. Diese können nicht durch eine Rückeingliederung der Menschen in natürliche Kreisläufe gelöst werden, wie dies bio- und holozentrische Denkansätze vorschlagen. Notwendig ist das Beschreiten des hier sogenannten memetischen Pfads. Pfad deshalb, weil er sich im Geflecht des memetisch durchdrungenen genetischen Netzes erst andeutet. Insofern ist hier von einem neu entstehenden Paradigma die Rede. Diesem liegt die Erkenntnis zu Grunde, dass, wie bereits vielfach angedeutet, beim Menschen neben die genetische, zunehmend dominierend die memetische Evolution getreten ist. Angesichts ihrer rasant zunehmenden Wirkmächtigkeit kann man in diesem Zusammenhang auch von einer memetischen Revolution sprechen. Chancen und Risiken etwa von Bio- und Gentechnik, als herausragende Ergebnisse derselben, sind gerade im Entstehen und werden die Menschheit vor große, nicht zuletzt auch ethische Herausforderungen stellen.

Meilensteine des künftigen Wegs werden sein die

- Entflechtung von Mensch und insbesondere belebter, nicht-menschlicher Natur.
- Erschließung transglobaler Welten.

Die Entflechtung von Mensch und Natur

Wie bereits ausgeführt, verlaufen genetische und memetische Evolution mit grundsätzlich unterschiedlichen Geschwindigkeiten. Erstere individuell, körperbezogen und generationengetaktet, letztere körperfliehend, gesellschaftlich und durch Hilfsmittel wie elektronische Datenverarbeitung und künstliche Intelligenz beflügelt. Es liegt auf der Hand, dass hier eine Umkehr der Entwicklung überwiegend zurück in die Bahnen der genetischen Evolution nicht mehr möglich ist. Vergleichbar ist diese Situation etwa mit dem Auftreten des genetisch programmierten Lebens, welches sehr wirkmächtig in die bis dahin alleine herrschende materielle Evolution eingriff. Von herausragender Bedeutung waren hierbei die bereits erwähnten Cyanobakterien, die vor etwa 2,5 Milliarden Jahren durch eine massenhafte Produktion von Sauerstoff die Erde oxidierten, dieses Molekül in der vormals sauerstofflosen Atmosphäre anreicherten und damit grundlegend andere Lebensbedingungen schufen, als vorher bestanden.

In vergleichbarer Weise erzeugt die memetische Evolution grundsätzlich andere Lebensgrundlagen für einen Teil der irdischen Lebewesen, nämlich die Menschen. Diese sind gekennzeichnet durch künstliche Umgebungen, die zunehmend die Lebenswirklichkeit der Menschen prägen. Dabei entstehen immer wieder Spannungen zum natürlichen, nicht-menschlichen System, welche die Nachhaltige Entwicklung der Menschheit beeinträchtigen oder gar gefährden können. Angesichts der Wirkmächtigkeit der memetischen Evolution erscheint es sinnvoll und zweckmäßig, dass die Menschheit ihre Beziehungen insbesondere zur belebten, nicht-menschlichen, aber auch zur unbelebten Natur überdenkt. Ziel sollte dabei sein, die Voraussetzungen für eine wirksame Entflechtung von Mensch und nicht-menschlicher Natur zu schaffen. Diese werden hier unter drei Blickwinkeln betrachtet:

- Räumliche Entflechtung

- Energetische Entflechtung

- Geistige Entflechtung

Nachstehend wird in Verbindung mit der räumlichen Entflechtung der Menschheit von der Natur die Stadt (urbane Verdichtung) als künftiger zentraler Ort der memetischen Evolution dargestellt.

Eine kurze Geschichte der Stadt

Die Erscheinung Stadt ist nur denkbar im Zusammenhang mit einer Landwirtschaft, die so ergiebig ist, dass Menschen aus der unmittelbaren Beschäftigung mit dem direkten Nahrungserwerb entlassen werden können. Insofern sind Städte wesentlich eine Folge der Neolithischen Revolution.

Das Leben in der Stadt unterscheidet sich grundsätzlich von dem auf dem Land. Die städtischen Rahmenbedingungen fördern in besonderer Weise den Fortgang der memetischen Evolution.

Als erste Stadt gilt Jericho.[65] Ihr wird allerdings nur vorstädtischer Charakter zugesprochen, da wesentliche städtische Strukturen fehlten.

Der Übergang von dörflichen zu städtisch geprägten Strukturen erfolgte etwa 3000 v.Chr. In diesem Sinne älteste Städte sind Theben, Memphis, Uruk, Harappa und Mohenjo-Daro. Diese Städte waren häufig Zentren großer Gebietsherrschaften mit straffer Verwaltungs- und Militärorganisation, Hof-,

---

[65] Die nachstehenden Ausführungen greifen auf BROCKHAUS, 1993, Bd. 21, S. 46 ff. sowie JESSEN, J. 2004, S. 602 ff. zurück.

Tempel-, Handels- und Gewerbezentralen, Geld- und Planungswirtschaft.

Ab etwa 700 v.Chr. entstand die griechische Stadtkultur. Bevorzugte Standorte waren Hügellagen und Zugang zum Meer, welche die Ausgangspunkte der sich bildenden griechischen Stadtstaaten (Polis) waren. Im Zuge der Kolonisation entstanden vor allem an der kleinasiatischen Küste Hafenstädte. Diese wurden unregelmäßig, dem Gelände angepasst und keinem geometrischen Plan folgend aufgebaut. Ab etwa 450 v.Chr. wurden die Stadtgründungen im Mittelmeerraum in Anlehnung an das von Hippodamos beim Wiederaufbau von Milet in Kleinasien entwickelte geometrische Straßenraster errichtet. Grundlage war ein Gitternetzplan des Straßennetzes mit Freiflächen in 26 Blöcken für öffentliche Plätze und Gebäude wie Theater, Bäder, Stadion und Tempel.

Die römische Stadt breitete sich ab Ende des 4. Jahrhunderts v. Chr. über das westliche und mittlere Europa aus. Sie war, beeinflusst sowohl von griechischen als auch etruskischen Städten, streng geometrisch orientiert. Das Hauptstraßennetz mit der Hauptverkehrsachse und der zweiten Hauptstraße war nach den Himmelsrichtungen ausgerichtet. In der Mitte der Stadt lagen das Forum sowie größere Gebäude.

Mit dem Ende des römischen Reichs ging auch die antike Stadtkultur nieder. Im Westen als Folge der Völkerwanderung schneller als im Osten.

Viele europäische Städte des Mittelalters knüpften an die römische Tradition an. Häufig entstanden aber auch neue Städte in unmittelbarer Nähe von zerstörten römischen Städten. Wichtige Keimzellen europäischer Städte waren jedoch die entlang der Heer- und Handelsstraßen angelegten Burgen oder Pfalzen sowie die Domburgen der Bischofssitze oder Klosteranlagen. Der Typ der vielgliedrigen und -gestaltigen frühmittelalterlichen Mutterstadt hat sich bis etwa 1450, ausgehend vom Maas-Schelde-Raum über das Rheinland bis in die Ostmarken an Elbe, Saale, Main und Donau ausgebildet.

Die Individualität der mittelalterlichen Stadt fand in ihrem typischen räumlichen Aufbau, der durch Stifts- und Pfarrkirchen, Burg, Rathaus, Bürgerhäuser sowie Mauern geprägt war, ihren Ausdruck. Besondere Merkmale waren die zentralen Markt- und Platzanlagen sowie die von innen nach außen abnehmende Höhe und Dichte der Bebauung. Häufig änderten die mittelalterlichen Städte ihre Form durch Erweiterungen.

Die besondere Leistung der mittelalterlichen Stadt bestand im Aufbau einer umfassenden Markt- und Verkehrswirtschaft mit Austausch von Luxus- und Massengütern über weite Entfernungen, in der Konzentration von Handel und Gewerbe, in der planmäßigen Wirtschaftspolitik, in der wirtschaftlichen Beherrschung des Umlandes und der Erschließung neuer Absatzräume.

Die Stadtentwicklung erreichte in Mitteleuropa um 1450 einen gewissen Abschluss. Die Zahl der Neugründungen ging von da an bis etwa 1800 deutlich zurück.

Kennzeichnend für die Stadt der frühen Neuzeit war das sich verändernde Verhältnis zum Staat. Der entstehende moderne Staat, der auf die Steuerleistung der Städte immer stärker angewiesen war, drängte seit dem 15. Jahrhundert die Selbstverwaltung der Städte zurück, indem er ihre Autonomie beschnitt und sie stärker in den Staatsverband integrierte. Die

Stadt wurde Amts- und Verwaltungssitz im institutionellen Flächenstaat.

Die Stadt der frühen Neuzeit bewahrte viele Strukturen der mittelalterlichen. Es gab jedoch bedeutende neue Einflüsse, wie die auf Grund der Erfindung des Schießpulvers veränderte Waffentechnik. Diese führte zu einem Ersatz der mittelalterlichen Ummauerung durch neue, komplizierte, große Flächen beanspruchende Befestigungssysteme mit Außenwerken, Vorsprüngen und Bastionen. Dies hatte eine starke horizontale Betonung im Städteneubau zur Folge.[66]

Idealtyp der Renaissance-Stadt war in Deutschland das 1606/1607 nach dem Zitadellenkopfschema angelegte Mannheim, das in die beiden selbständigen Baukörper Zitadelle und Bürgerstadt gegliedert war. Das kreisförmig angelegte Innenfeld der sternförmigen Zitadelle wurde um einen großen, freien Alarmplatz in ein System rautenförmiger Baublöcke aufgeteilt. Die ebenfalls befestigte Bürgerstadt wurde dagegen in rechteckige Baublöcke gegliedert. Zu den Merkmalen der Renaissance-Stadt zählten auch die durchlaufenden waagrechten Dachlinien und die Wiederholung einheitlicher Elemente in der Fassadenstruktur.

In der Barock-Stadt trat zu der systematischen Ordnung der Stadtfläche nach geometrischen Figuren noch die Ausrichtung der Grundrissstruktur auf die Schlossanlage des absolutistischen Fürsten, wie dies in Karlsruhe verwirklicht ist.

Das heutige Städtebauwesen in den Industriestaaten basiert zum erheblichen Teil auf den im 19. Jahrhundert entstandenen Industriestädten, mit deren Entwicklung auch der

---

[66] Vgl. hierzu: BÜLLESBACH, R. et al., 2013.

allgemeine Verstädterungsgrad zunahm. Voraussetzung hierfür waren die Neuordnung der Gesellschaft in den bürgerlichen Revolutionen, liberale Agrarreformen, Gewerbefreiheit, Industrialisierung und die Revolutionierung der Verkehrsverhältnisse. Vorreiter dieser Entwicklung war Großbritannien.

In Deutschland begann eine durch Industrialisierung und Verkehrsentwicklung beeinflusste bedeutende Flächenexpansion der Städte etwa um 1820, in verstärktem Maße erst in den Gründerjahren ab 1870. Die Stadtentwicklung war in den sich rasch entwickelnden Industriestädten sowie auch in den Städten, die als Verkehrsknotenpunkte im neuen Eisenbahnnetz eine besonders starke Entwicklung erfuhren, wie Berlin, Hamburg, München, Leipzig und Frankfurt am Main, zum erheblichen Teil in Gestalt der stark verdichteten Mehrfamilien-Mietshausbauweise gekennzeichnet. Letztere wurde begünstigt durch die Bau- und Bodenspekulation, große Terraingesellschaften, die Entwicklung des Bankwesens sowie die revolutionäre Entwicklung des technischen Städtebaus insbesondere auf dem Gebiet des städtischen Tiefbaus. Bedeutsam waren in diesem Zusammenhang die Druckwasser- und Gasversorgung, Abwasserbeseitigung und die Straßenplanung.

Zu Beginn des 20. Jahrhunderts waren der Städtebau und die Stadtentwicklung erheblich von der Gartenstadtbewegung geprägt. Diese gründet auf dem 1898 von Sir Ebenezer Howard entworfenen Modell, das eines der ersten funktionalen Gestaltungskonzepte im Städtebau bildet. Zu den Gestaltungsmerkmalen gehörten neben Gärten und Parks sowie einer geringen Wohndichte auch eine planmäßige, durch Radial- und Ringstraßen gekennzeichnete Gliederung, eine Aufteilung in Nachbarschaften, die Versorgung mit Arbeitsplätzen und zentralen Einrichtungen, ein tangentialer Anschluss an die

Eisenbahn sowie das öffentliche oder gesellschaftliche Eigentum an Grund und Boden.

Nach dem Weltkrieg II änderten sich die Stadtleitbilder in rascher Folge. Bis Ende der 60er Jahre erfolgte zunächst der Wiederaufbau in Verbindung mit großen Stadterweiterungen. Danach setzte eine kurze Phase der integrierten Stadtentwicklungsplanung ein. Sie war geprägt von einer hohen Rationalität der Planungen durch den Einsatz wissenschaftlicher Verfahren der Prognosen und Bedarfsermittlung. Die Wirksamkeit von Leitbildern ging vor diesem Hintergrund unter.

Seit den 90er Jahren ist ein Wiederaufleben städtischer Leitbilder zu beobachten. Diese sind übergreifend in das Konzept der Nachhaltigkeit, welches über Agenda-21-Prozesse auf örtlicher Ebene präzisiert wird, eingebettet. Auf der Ebene der Raumordnung und Regionalentwicklung fand das Prinzip der Nachhaltigkeit seinen Niederschlag im Leitbild der dezentralen Konzentration. Bezogen auf die Ebene der Stadtentwicklung und des Städtebaus setzte sich das Leitbild der kompakten und durchmischten Stadt durch, welches für München am prägnantesten formuliert ist, nämlich „Kompakt, urban, grün".

Merkmale der kompakten durchmischten Stadt sind

- eine hohe Baudichte im Gegensatz zur dispersen Stadtentwicklung

- die Nutzungsmischung im Gegensatz zur Monofunktionalität

- öffentliche Räume wie belebte Erdgeschoßzonen, Straßenräume und Plätze gegen die Tendenz der

Privatisierung öffentlicher Räume, ihres Funktionsverlustes und der Erosion sozialer Kontrolle

- ökologisch aufgewertete Räume zur Verbesserung der Aufenthaltsqualitäten.

Zwischenfazit

Der kurze Überblick über die Geschichte der Stadtentwicklung zeigt zwei grundsätzliche Kristallisationspunkte auf:

1. Die Entstehung der Siedlungsform Stadt wurde durch die Neolithische Revolution, also den Übergang zur landwirtschaftlichen Bodennutzung, ermöglicht. Erst hierdurch konnte die Nahrungsmittelproduktion so effizient und effektiv gestaltet werden, dass nicht mehr alle Menschen dafür gebunden waren. So entstand in der Fortfolge in den Städten der Freiraum für Spezialisierungen zur wirksamen Überwindung der natürlichen körperlichen und geistigen Begrenzungen des Menschen.

2. Einen weiteren mächtigen Impuls erhielt die Stadtentwicklung im Gefolge der industriellen Revolution. Hierdurch konnte der menschliche ebenso wie der tierische Krafteinsatz zur Versorgung der Menschen mit körpereigener (somatischer) Energie nahezu marginalisiert werden. Hierdurch entstand weiterer Raum zur Entwicklung von Produkten, die eine städtische Lebensgestaltung sehr weit jenseits der natürlichen körperlichen und geistigen Begrenzung der Menschen

ermöglichten. Insbesondere ist hier an den Dienstleistungssektor zu denken.

Heute erhält die Stadtentwicklung als Folge der fortgeschrittenen memetischen Evolution einen weiteren mächtigen Impuls. Städte werden in Zukunft zentrale Orte der menschlichen Lebenswirklichkeit sein.

Ein, wenn auch aus vielen Gründen nicht unproblematisches Beispiel hierfür ist das Projekt „The Line" des Saudi-Arabischen Kronprinzen Mohammed bin Salman.[67] Unter Erhalt von 95 % der ursprünglichen Umwelt soll hier auf eine Länge von 170 Kilometern eine hypermoderne Stadt entstehen, in der alle wichtigen Einrichtungen, also Arbeits- Wohn- und Freizeitorte in nur fünf Minuten fußläufig erreicht werden können. Autoverkehr wird es in dieser Stadt nicht geben. Die erforderliche Infrastruktur ist überwiegend unterirdisch verlegt. Attraktive Freizeiteinrichtungen auch virtueller Art stehen den Bürgerinnen und Bürgern reichlich zur Verfügung. Die Stadt soll ein Zentrum wissenschaftlicher und technologischer Entwicklung werden.

Ein Leitbild für die Stadt

Bei den nachstehenden Überlegungen handelt es sich nicht um solche der Entwicklung von Leitbildern für bestehende Einrichtungen. Diese werden in bewährter Weise im Zuge eines Gegenstromverfahrens zwischen Leitungsebenen und Betroffenen in einem Verhandlungsprozess entwickelt. Hier geht

---

[67] The Line – Neom.

es um ein Leitbild für die Stadt der Zukunft, eine Stadt, die der Entwicklung der Menschheit unter den Rahmenbedingungen der memetischen Evolution gerecht wird. Insofern wird dieses Leitbild nicht, wie oben geschildert, in einem breiten Beteiligungsverfahren, sondern abgeleitet aus Wirkungen der memetischen Evolution entwickelt. Gleichwohl gilt auch für dieses Leitbild, dass es schlussendlich

- handlungsleitend im Hinblick auf einen angestrebten Zustand und dabei

- wertevermittelnd

- hinreichend bestimmt und

- erreichbar

formuliert werden muss.

Die wirksame Entflechtung von Mensch und nicht-menschlicher Natur bedarf eines Schwerpunktes für die Weiterentwicklung der Menschheit innerhalb der Rahmenbedingungen der memetischen Evolution. Der zentrale Ort hierfür ist die städtische (urbane) Verdichtung. Für sie wird das nachstehende Leitbild vorgeschlagen:

> **Städte als zentrale Orte der kulturellen (memetischen) Evolution der Menschheit gewährleisten dauerhaft die kontingente Entwicklung der Menschheit unter weitestgehender Entlastung der belebten und unbelebten Natur.**

Die Stadt – der zentrale Ort der memetischen Evolution

Die mit der Bildung von Städten einhergehende Verdichtung menschlicher Aktivitäten schafft die Grundvoraussetzung für die Entlastung weiter Landschaftsteile einschließlich derer Biota von menschlichen Einflüssen. Um dies zu gewährleisten, müssen diese Orte allerdings eine Reihe von Voraussetzungen erfüllen.

Selbst unabhängig vom derzeit stattfindenden Klimawandel sind Städte Orte erhöhter Temperaturen. Es ist daher sehr wichtig, dafür zu sorgen, dass die Stadtoberfläche eine hohe Albedo hat und dadurch einen Großteil der Sonnenstrahlung reflektiert. Zusätzlich ist es erforderlich, durch entsprechend breite, orientierte und bebauungsfreie Achsen einen Luftaustausch mit dem Umland zu gewährleisten.

Sowohl durch den Zuzug aus den ländlichen Räumen als auch durch den wachsenden Wohnflächenbedarf je Einwohner wird in den Städten weiterhin Wohnungsbedarf entstehen. Die dazu erforderliche Bebauung bedarf einer stark ausgeprägten vertikalen Komponente. Alleine dadurch kann zusätzlicher Bauflächenbedarf im Rahmen gehalten werden. In diesem Zusammenhang kann der moderne Holzbau eine größere Rolle spielen. Aufstockungen in Holzbauweise haben unter statischen Gesichtspunkten erhebliche Vorteile gegenüber konventionellen. Sowohl der Altbestand als auch die neuen Wohneinheiten müssen vor dem Hintergrund einer alternden Bevölkerung ausnahmslos barrierefrei sein und über virtuelles Gestaltungspotenzial verfügen. Selbstredend ist das Erfordernis energetischer Autonomie.

Infrastrukturell gewährt die Stadt kurze Wege zu allen Schwerpunkten menschlicher Tätigkeit. Es besteht ein attraktives, klimaneutrales Mobilitäts- und Versorgungsangebot.

Das Gesundheitssystem ist den Bedürfnissen einer alternden Gesellschaft angepasst. Gesundheitsprävention steht an erster Stelle und kann künftig auf informationstechnologischem Wege erheblich verbessert werden. Dem sich abzeichnenden Pflegekräftemangel kann durch Pflegeroboter entgegengewirkt werden.

Die Ernährungsgrundlage wird in einer Übergangszeit sicher noch auf traditionelle Weise sichergestellt werden müssen. Dabei dürften gentechnische Optimierungen der Nutzpflanzen und -tiere zu einer spürbaren Entlastung der Natur führen. Eine Verlagerung der Produktion in die Städte in Form eines Indoor-Farming erscheint ebenso angezeigt wie der Aufbau einer artifiziellen Nahrungsmittelproduktion.

Mit der Konzentration der Menschen in Städten wird die Möglichkeit unmittelbaren Naturerlebens eingeschränkt, was im Sinne der Entlastung der Natur durchaus zielkonform ist. Im Umkehrschluss ist es daher erforderlich, den Erlebnisraum in der Stadt menschengerecht zu erweitern. Dies kann in klassischer Weise durch entsprechende Parke und Freizeiteinrichtungen innerhalb der Städte geschehen. Beispiel hierfür gibt es bereits in den Großstädten der Republik. Darüber hinaus können jedoch auch die Möglichkeiten virtueller Erlebnisräume genutzt werden. Dies kann insbesondere innerhalb des virtuellen Potenzials der Wohneinheiten geschehen.

Als Folge dieser Maßnahmen können in den Städten Maßnahmen zur Gewährleistung der Nachhaltigen Entwicklung in individueller oder gesellschaftlicher Verantwortung wesentlich leichter organisiert werden, als dies bei einer Streubesiedlung des Landes möglich ist. Von daher gedacht könnte hier auch eine wirkungsvolle Trennung von Gesellschaft und Staat dargestellt werden, bei der der Staat nur noch dann wirksam wird, wenn die gesellschaftlichen Kräfte den Anforderungen an die Nachhaltige Entwicklung nicht mehr gerecht werden.[68] Dass eine solche Selbstorganisation, zweifellos mit gewissen Einschränkungen, in Städten erfolgreich sein kann, belegen Vorgänge in den Megapolen unseres Planeten.[69]

Angesichts der Wirkmächtigkeit der memetischen Evolution in Verbindung mit der Endlichkeit irdischer Ressourcen sowie den auf der Erde bestehenden Gefahren für die Fortführung der Menschheitsentwicklung sollte die Stadtentwicklung schließlich so erfolgen, dass deren Strukturen und Funktionalitäten grundsätzlich auch auf außerplanetare Siedlungsvorhaben übertragen werden können.

Energetische Entflechtung

Der Mensch ist aus dem Blickwinkel des Energieumsatzes in zweierlei Hinsicht mit der nicht-menschlichen Natur verbunden: Einerseits durch die zur Aufrechterhaltung der unmittelbaren Lebensfunktionen erforderliche Zufuhr körpereigener (somatische) Energie und andererseits durch die zur Überwindung seiner natürlichen körperlichen und geistigen Begrenzungen erforderliche körperfremde (extrasomatische)

---

[68] Vgl. hierzu die Ausführungen im Kapitel „Der Staat als Zukunftsagentur".

[69] Vgl. hierzu BRAND., St., 2010, S. 25 ff.

Energie. Der Bedarf nach beiderlei Formen steigt als Folge des globalen Bevölkerungswachstums sowie der energieverzehrenden Wohlstandsmehrung. Die Auswirkungen dieser Entwicklung auf die nicht-menschliche Natur sind beträchtlich.

Somatische Energie

Grundsätzlich unterscheidet sich der Mensch hinsichtlich des somatischen Energieumsatzes nicht von anderen Lebewesen. Von daher bedarf es auch keiner eigenen Begründung, wenn er zur Aufrechterhaltung seiner Lebensfunktionen andere Lebewesen, seien es nun Pflanzen oder Tiere, tötet. Angesichts der dynamischen Entwicklung auf diesem Gebiet werden nachstehend zwei Aspekte tiefer betrachtet, nämlich der quantitative und der qualitative.

Quantitative Aspekte

Seit es Menschen gibt stellt die Versorgung mit genügend Nahrungsmitteln eine große Herausforderung dar. Auf dem Weg von den Sammlern und Jägern bis heute wurden große und insgesamt erfolgreiche Anstrengungen unternommen, um dem Ökosystem die erforderlichen Mittel abzuringen. Besonders bedeutsam war in diesem Zusammenhang der Übergang zur Landwirtschaft und daran anschließend deren Modellierung durch Bodenbearbeitung, Düngung, Beherrschen konkurrierender Fauna und Flora sowie Züchtung ertragreicher Pflanzen- und Tierarten. Hierdurch hat die Menschheit intensiv in das globale Ökosystem eingegriffen. Es zeichnet sich ab, dass diese Vorgehensweise ihre Grenzen erreicht hat und der Druck auf die nicht-menschliche Natur zurückgeführt werden muss. Dafür bestehen mehrere Möglichkeiten.

Durch eine entsprechende Bewusstseinsbildung, die erforderlichenfalls durch geeignete (ordnungs-)rechtliche Regelungen verstärkt werden könnte, kann darauf hingewirkt werden, dass die produzierten Nahrungsmittel besser verwertet werden. Die zu beobachtende Vernichtung großer Mengen von Lebensmitteln ist ein Beleg für diese Möglichkeit.

In gleicher Weise kann darauf hingewirkt werden, dass Menschen ihre Energieaufnahme auf das Maß beschränken, welches für eine ausreichende Versorgung ihres Körpers hinreichend ist. Derzeit gibt es auf der Erde mehr übergewichtige als hungernde Menschen. Auch dies ist zumindest ein Hinweis darauf, dass auch hier Gestaltungsmöglichkeiten bestehen.

Die herkömmliche Landwirtschaft bewegt sich in einem Bereich, in dem zusätzliche Ertragssteigerungen mit erheblichen Grenzkosten verbunden, teilweise kaum noch nennenswert realisierbar sind. Im Sinne der Entflechtung von Mensch und nicht-menschlicher Natur sind daher Anstrengungen zu unternehmen, das Ertragsniveau der den Menschen als Nahrung dienenden Pflanzen und Tiere durch eine gentechnische Modellierung zu erhöhen. Die dabei zweifellos bestehenden Risiken müssen ernst genommen werden. Sie dürfen jedoch nicht die hier bestehenden Chancen für eine wirkungsvolle Entflechtung überlagern. Gerade auf diesem Wege könnten nämlich erhebliche Flächen, die bisher landwirtschaftlich genutzt werden, frei und einer ursprünglich natürlichen Entwicklung anheimgegeben werden.

Schließlich ist die Erhöhung des Anteils synthetisch hergestellter Lebensmittel an der Diät des Menschen zu fördern. Auch hier bestehen natürlich Risiken, die jedoch wiederum die damit verbundenen Chancen nicht von vorne herein überlagern dürfen. In diesem Zusammenhang ist auch zu bedenken, dass technisch hergestellte Lebensmittel qualitativ höheren Standards folgen können, als auf natürlicher Basis hergestellte.

Qualitative Aspekte

Verglichen mit der Diät der Urmenschen verfügt die heutige Nahrung in Mitteleuropa über eine außergewöhnlich hohe Qualität. Dies betrifft sowohl das jeweilige Nahrungsmittel an sich, als auch die Vielfalt der Speisen und Getränke. Ein Weiser für die hohen Qualitätsansprüche sind die jeweils angegebenen „Verfallsdaten". Auch lange danach sind viele solcher Produkte noch ohne nachteilige Folgen für die Gesundheit oder gar das Leben genießbar. Anstelle derer mit Kosten belasteten Vernichtung könnten beispielhaft hier durch die Senkung von Qualitätsansprüchen erhebliche Entlastungen auch für das Ökosystem erzielt werden.

Vergleichbares gilt auch für die Breite des Nahrungsangebotes. Es stellt sich tatsächlich die Frage, ob in dem heute verwirklichten Umfang Nahrungsmittel über erhebliche Entfernungen transportiert werden müssen, oder ob die Menschen nicht für eine gewisse Einschränkung auf regionale Produkte bei erheblichen Entlastungswirkungen für das Ökosystem gewonnen werden können.

Die Ansprüche an die quantitative wie auch qualitative Versorgung mit somatischer Energie wurzeln im gesellschaftlichen Wertesystem. Der Erfolg steuernder Eingriffe hängt daher davon ab, wie Grundeinstellungen der betroffenen

Menschen verändert werden. Erst, wenn dies gelingt, wird sich auch deren Verhalten ändern.

Extrasomatische Energie

Durch den Einsatz extrasomatischer Energie zur Überwindung seiner körperlichen und geistigen Begrenzungen unterscheidet sich der Mensch grundsätzlich von anderen Lebewesen. Er erreicht hierdurch eine Wirkmächtigkeit, die dazu geführt hat, dass einige Autoren ab 1750 n. Chr. vom Zeitalter des Anthropozän[70] sprechen. Ein anderer Startpunkt wären, wie bereits erwähnt, die 50er Jahre des vergangenen Jahrhunderts.

Angesichts der bis auf Weiteres wachsenden menschlichen Population in Verbindung mit steigenden Anforderungen an die persönliche und gesellschaftliche Daseinsgestaltung leuchtet unmittelbar ein, dass der Energiebedarf der Menschen auch in absehbarer Zukunft steigen wird.

Konsequent zu Ende gedacht ist die Versorgung der Menschheit mit extrasomatischer Energie die zentrale Herausforderung der Zukunft. Diese wird potenziert durch den Verzicht auf die Nutzung fossiler Energieträger sowie, in Deutschland, der Kernenergie.

Die menschlichen Gesellschaften bewegen sich als Folge des großen Energieeinsatzes bereits heute weit entfernt vom natürlichen Gleichgewicht. Eine Beeinträchtigung oder gar ein

---

[70] CRUTZEN, P.J., 1999, S. 23.

Verlust dieser Energieversorgung hätte kaum überschaubare Folgen.

Energiesysteme

Folgende Energiesysteme[71] werden derzeit von der Menschheit genutzt:

-   Unmodellierte Solarenergiesysteme: Hierunter sind die Lebensgrundlagen zu verstehen, welche die nicht-menschliche Natur als solche zur Verfügung stellt, also wilde Pflanzen einschließlich deren Früchte und wilde Tiere.

-   Modellierte Solarenergiesysteme: Hierunter sind insbesondere die von der Land-, Forst- und Fischereiwirtschaft erzeugten Lebensgrundlagen zu verstehen. Diese sind durch entsprechende Anbaumethoden (u.a. Monokulturen) sowie Züchtung für die Befriedigung menschlicher Bedürfnisse erheblich ergiebiger als die vorstehend genannten unmodellierten Solarenergiesysteme. In jüngerer Zeit werden in Form von Wasserkraft-, Windenergie- und Fotovoltaikanlagen weitere Energiesysteme, diesmal technischer Art, entwickelt, die mittelbar ebenfalls den modellierten Solarenergiesystemen zuzurechnen sind.

-   Fossile Energiesysteme: Mit Beginn der Neuzeit stellen diese Energiesysteme in Verbindung mit dem technischen Fortschritt eine sehr wirksame Ergänzung der vorgenannten Solarenergiesysteme dar. Unter

---

[71] Vgl. hierzu SIEFERLE, R.P., 1982, S. 12 f.

dem Gesichtspunkt ihrer Entstehung handelt es sich hierbei ebenfalls um Solarenergiesysteme.

- Solarunabhängige Energiesysteme: In der 2. Hälfte des 20. Jahrhunderts wurden viele Anstrengungen unternommen, die Menschheit von der Abhängigkeit von den herkömmlichen Energiesystemen zu befreien. Große Hoffnung wurde dabei in die Kernenergie gesetzt. Von besonderem Vorteil ist hierbei die im Vergleich zu den sonnenabhängigen Energiesystemen um viele Zehnerpotenzen höhere Energiedichte.

Ebenfalls solarunabhängige Energiesysteme sind Gezeitenkraftwerke, die allerdings derzeit nur marginal zur Energieversorgung beitragen.

Die derzeitigen Entwicklungen in Deutschland verengen die Energieversorgung grundsätzlich auf den Bereich der modellierten Solarenergiesysteme, wobei solche technischer Art, wie Windkraft und Fotovoltaik, eine besondere Rolle spielen. Diese Entwicklung birgt Risiken.

Gesellschaft und Wirtschaft sind auf eine quantitativ und qualitativ höchstwertige Energieversorgung angewiesen. Diesem Anspruch vermögen weder Windkraft noch Fotovoltaik derzeit gerecht zu werden. Beide Formen der Energieerzeugung haben erhebliche Auswirkungen auf die sie umgebende, lebende Natur bis hin zu den Menschen. Hinsichtlich der unbelebten Natur sind die Auswirkungen der Windkraft auf die Atmosphäre, der auf diese Weise erhebliche Energie entzogen wird, kaum untersucht. Eben so wenig untersucht ist, welche Auswirkungen der Klimawandel auf die Ergiebigkeit dieser Anlagen haben kann.

Unabhängig von den verschiedenen Systemen der Energiebereitstellung kann natürlich durch die Erhöhung der Effizienz und Effektivität bei allfälligen Energieumwandlungen der Energiebedarf gesenkt werden. Art und Umfang dieser Möglichkeit sind allerdings kaum an zu schätzen. Auch ist zu befürchten, dass bei höherer Energieausbeute Ansprüche wachsen werden, so dass insgesamt betrachtet keine Einsparung entsteht. Insofern ist auch der Einsatz körperfremder (extrasomatischer) Energie an soziale und gesellschaftliche Einstellungen und Werte gebunden.

Unter dem Gesichtspunkt der Nachhaltigen Entwicklung der Menschheit ist zu wünschen, dass durch Forschung auf allen Sektoren der Energieumwandlung, insbesondere auch dem der Kernenergie, sichergestellt wird, dass ihre Energieversorgung absolut gesichert ist. Denkverbote oder Verweigerungen, in welcher Hinsicht auch immer, sind hier angesichts der Bedeutung dieses Themas vollkommen fehl am Platze. Auch im Hinblick auf den memetischen Pfad ist das Augenmerk auf sonnenunabhängige Energiesysteme zu richten, denn diese sind für außerplanetarische Unternehmungen von besonderer Bedeutung und Eignung.

Geistige Entflechtung

Hierunter wird die Entflechtung der Menschen von einer direkten, auch haptischen Wahrnehmung der nicht-menschlichen Natur behandelt. Die Ausführungen unterliegen der Gefahr, in einer von Gefühlen beherrschten Debatte unter zu gehen. Dabei kann bereits heute beobachtet werden, wie sich insbesondere jüngere Menschen schon sehr weit von ursprünglichen Naturerfahrungen zurückgezogen haben. Sie halten sich überwiegend in künstlich gestalteten Umgebungen auf und richten ihre Wahrnehmung immer öfter auf virtuelle Realitäten und sogar virtuelle Virtualitäten.

Reale künstliche Umgebungen

In einer deutschen Großstadt beginnt der Tagesablauf eines Bewohners etwa mit dem Erwachen durch das Weckgeräusch eines Smartphones. Natürliche Geräusche sind bis dahin im wahrsten Sinne des Wortes außen vor, vor der lärm- und wärmedämmenden Fensterscheibe. Auch die Raumluft ist anders – zumindest temperiert. Die Lagerstatt selbst hat ebenfalls nur noch wenig mit natürlichen Materialien zu tun. Ein Bett aus Stahlrohr oder bearbeitetem Holz, Matratze aus Kunststoff, ebenso Kopfkissen und Decke.

Körperpflege im Bad, weder natürliches Ambiente noch natürliche Pflegemittel. Auch das Wasser unterscheidet sich durch Temperatur und Keimfreiheit von seiner natürlichen Beschaffenheit.

Beim Frühstück vielleicht etwas mehr Naturnähe in Form von Müsli oder Obst, aber auch da schon in einem artifiziell aufbereiteten, menschlichen Standards unterworfenen Zustand, der nur noch bedingt mit Natur zu tun hat.

Die Fahrt zum Arbeitsplatz mit Tunnelblick. Die Natur jenseits der Straße oder Schiene wird allenfalls ausnahmsweise wahrgenommen. Eher gilt im öffentlichen Verkehrsmittel die Aufmerksamkeit dem Smartphone, dem Laptop oder dem E-Book.

Durch Straßenschluchten und häufig Tiefgarage ins Büro. Zimmerpflanzen sind die einzigen natürlichen Elemente, ansonsten Bürostuhl, Schreibtisch, Regale, Besprechungstisch, PC, Notebook, Tablet, Pad, Telefon, Drucker, Fax ...

Mit dem Fahrstuhl in die Kantine, essen ...

Büronachmittag ...

Aus der Tiefgarage durch die Straßenschluchten zurück nach Hause.

Abendessen, Fernsehen, PC, Notebook, Tablet, I-Pad, Musik, Schlaf und dabei ununterbrochen über moderne soziale Medien erreichbar und kommunizierend.

BRENNER bringt die heutigen Lebensumstände wie folgt auf den Punkt: „Für die hochindustrialisierten Länder ist mittlerweile ein Lebenslauf nicht mehr ungewöhnlich, der am Beginn, in der Mitte und am Ende von den technisch-wissenschaftlichen Welten Retorte, Skyscraper und Sauerstoffzelt geprägt wird. Und da auch zwischen diesen Etappen künstliche Systeme vorherrschend sind, beschränken sich die Kontakte mit der Natur in der Regel auf absichtsvolle Unternehmungen, bei denen Natur gesucht wird, sei es beim Besuch im Stadtpark oder bei der Reise in weniger durch wissenschaftlich-technologische Zivilisation überformte Regionen der Erde."[72]

Die vorstehenden Ausführungen belegen, wie weit sich schon heute die allgemeine tägliche Wahrnehmung von der der Natur entfernt hat. Im Sinne der Entwicklung der Stadt als

---

[72] BRENNER, A., 1996, S. 28

zentralem Ort der memetischen Evolution kommt es nunmehr darauf an, diese ganz gezielt in dieser Hinsicht weiter zu entwickeln. Dabei steht die Befriedigung menschlicher Bedürfnisse eindeutig im Vordergrund, weshalb die Stadtentwicklung wesentlich in der Hand der Bürgerinnen und Bürger sowie deren Vereinigungen liegen sollte. Hier entsteht eine neue Form der kommunalen Selbstverwaltung im Sinne einer zukunftsorientierten Lebensraumgestaltung. Als Rahmenbedingung hierfür muss gelten, dass diese Bedürfnisbefriedigung überwiegend „in den Mauern der Stadt", also erneut ‚intra muros', innerhalb geschlossener Stoffkreisläufe und bei effizienten und effektiven Energiekaskaden erfolgen muss. „In den Mauern der Stadt" jedoch deshalb in Anführungszeichen, weil der individuelle Erlebnisraum künftig wesentlich virtueller Art sein und damit die Mauern der Stadt weit überwinden wird.

Virtuelle Umgebungen realer Art

Die Wahrnehmungswelt künftiger Generationen wird zunehmend virtueller Art sein. Moderne Medien, wahrscheinlich biotechnisch mit dem Menschen verknüpft, werden attraktive Erlebnisse in allen menschlichen Lebensbereichen ermöglichen, ohne dass hierzu eine körperliche Präsenz im Erlebnisraum erforderlich wäre. Auf diesem Weg kann eine erhebliche Entlastung der Natur aber auch der artifiziellen Infrastruktur erfolgen.

Hier wird der vorstehend beschriebene Erlebnisraum um eine virtuelle Komponente erweitert. Memetisch oder auch durch künstliche Intelligenz konstruierte Erlebniswelten ohne Pendant in der Natur erweitern den menschlichen Wahrnehmungsraum und beschleunigen die geistige Entflechtung von der realen Natur. Dies kann beispielsweise durch die Entgrenzung der Wohnung durch auf die Wände projektierte räumliche Animationen erfolgen oder durch persönliche virtuelle Begegnungen mit Avataren in beliebigen, phantasiegeprägten Räumen.

Zwischenfazit

Die vorstehende Betrachtung hat gezeigt, dass die Nachhaltige Entwicklung der Menschheit derzeit einerseits erheblichen Risiken ausgesetzt ist, andererseits jedoch ein Ausweg aus dieser Situation gefunden werden kann. Voraussetzung hierfür ist, dass die Dominanz der memetischen gegenüber der genetischen Evolution beim Menschen ins gesellschaftliche Bewusstsein dringt und anerkannt wird. Erstere überfordert in ihrer Wirkmächtigkeit bereits heute die Leistungsfähigkeit der Natur hinsichtlich der Befriedigung menschlicher Anforderungen. Hieraus folgt, dass sich der Mensch von letzterer lösen und in artifizielle Ambienten sowie auf artifizielle Lebensgrundlagen zurückziehen muss. Zentraler Ort hierfür ist die urbane Verdichtung. Dies stellt einen Paradigmenwechsel dar, weg von einem kooperierenden Frieden mit der Natur hin zu einer disruptiven Transformation[73], in der sich Natur und Mensch entsprechend ihrer genetischen und memetischen Programmierung weitestgehend unabhängig voneinander entwickeln. Gelingt dies und damit die weitere Nachhaltige Entwicklung der Menschheit, dann wird die sich abzeichnende Auseinandersetzung mit künstlicher Intelligenz und möglicherweise künstlichem Bewusstsein, dem materiell bewusst Existierenden, eine große Herausforderung darstellen.

---

[73] Vgl. hierzu BOLZ, H. R., 2020.

Auf dem Weg zum bewusst-materiell Existierenden

In den nachstehenden Ausführungen befasse ich mich mit der Frage, ob, und wenn ja wie, vor dem Hintergrund einer in ihrer Nachhaltigen Entwicklung gesicherten Menschheit bewusst-materiell-Existierendes, eine Superintelligenz, entstehen und gegebenenfalls vom Menschen kontrolliert werden kann.

Der Hybridmensch – ein Übergang

Unter Hybridmenschen verstehe ich Menschen, deren, auch unbeeinträchtigter, Körper durch Artefakte ertüchtigt wurde. Zunächst können dies einfache, mechanische Prothesen sein, mittels derer der Verlust von körperlichen Funktionalitäten ausgeglichen werden kann. Solche wurden insbesondere während und nach den Weltkriegen entwickelt. In einer höheren Entwicklungsstufe können dies Neuro-Prothesen[74] sein, welche unmittelbar mit dem körpereigenen neuralen System verbunden sind und mit diesem interagieren. Schließlich sind, unabhängig von der derzeitigen Rechtslage, grundsätzlich Eingriffe in die menschliche Erbsubstanz denkbar.

---

[74] Vgl. zum Begriff: BÖHRET, C., 2005, S. 18.

Einfache Prothesen

Schon früh in der Geschichte der Menschheit, insbesondere nach gewalttätigen Auseinandersetzungen, bestand die Herausforderung, wodurch und wie auch immer körperlich beeinträchtigte Menschen durch künstliche Hilfen zu unterstützen. Zunächst handelte es sich hierbei um Prothesen, mittels derer der Verlust von Körperteilen, etwa Gliedmaßen oder Zähnen, leidlich ausgeglichen werden konnte. Ausgehend hiervon haben sich die Möglichkeiten zum Ausgleich körperlicher Beeinträchtigungen ständig und auf signifikant höherem Niveau verbessert.

So lief der Sprinter Oscar Pistorius mit zwei Karbonbeinprothesen sehr gute Zeiten auf Kurz- und Mittelstrecken. Nachdem er noch 2008 nicht an den Olympischen Spielen in Peking teilnehmen durfte, nominierte ihn das Südafrikanische Olympische Komitee für die Teilnahme an den Olympischen Sommerspielen 2012 in London, an denen Pistorius dann als erster beidseitig beinamputierter Athlet teilnahm und mit der südafrikanischen 4-mal-400-Meter-Staffel eine Silbermedaille errang.

Während, als Beispiel, früher Handprothesen lediglich die Form einer Hand hatten, jedoch keinerlei Funktion ausüben konnten, gibt es heute solche mit beweglichen Fingern und der Möglichkeit u.a. des Greifens. Die Steuerung dieser Handprothesen erfolgt über Muskelaktivität. Vergleichbare Prothesen gibt es auch für beinamputierte Menschen.

Ein weiteres Beispiel auf diesem Gebiet sind Exoskelette, mit denen bewegungsbeeinträchtigten Menschen zusätzliche Jahre persönlicher Mobilität gewährt werden können. Der

Einsatz solcher Prothesen wird auch in der Arbeitswelt erwogen, um Menschen bei schweren körperlichen Arbeiten zu entlasten.

Neuro-Prothesen

Höheres Ziel vieler Anstrengungen ist es, die jeweilige Prothese direkt mit dem zentralen Nervensystem zu verbinden. Als ein wichtiger, früher Schritt hierzu kann das Cochlea-Implantat verstanden werden, mit dem es gelingt, Geräuschsignale in Form von elektrischen Impulsen an den Hörnerv selbst weiter zu geben und so einen Hörverlust auszugleichen. Gerade diese direkte Verbindung zwischen Mensch und Prothese dürfte in der näheren Zukunft eine herausragende Rolle spielen. So können bald über Gehirn-Computer-Schnittstellen (Brain-Computer-Interfaces) durch Gedanken Prothesen bewegt werden.

Während diese Hilfsmittel neben vielen anderen eben dem Ausgleich von persönlichen Defiziten dienen, bahnt sich eine neue Entwicklung an. (Zwar noch wenige) gesunde Menschen trachten danach, ihre Fitness künstlich auf ein signifikant höheres Niveau zu heben. Dies etwa im körperlichen Bereich durch den Einsatz von Spezialprothesen. Ein Beispiel hierfür rankt sich um Hugh Herr, einen der besten Kletterer der amerikanischen Ostküste. Er zog sich im Januar 1982 beim Eisklettern Erfrierungen an seinen Unterschenkeln zu, die letztendlich deren Amputation zur Folge hatten. Herr wurde später, nach entsprechenden Studien am Massachusetts Institute of Technologie (MIT) und an der Harvard Universität, Direktor der „Biomechatronics Group at the MIT Media Lab". Dort entwickelte er für sich zwei Unterschenkelprothesen, die er wie folgt beschreibt: „My limbs that I wear have 12 computers, five sensors and muscle-like actuator systems that able me throughout my day." Mit diesen Prothesen klettert Hugh Herr besser als jemals zuvor. Einige seiner Kletterkameraden äußerten den Wunsch, ihre Unterschenkel durch eine ähnliche Prothese zu ersetzen.[75]

Im Gesundheitswesen stellt die Gesundheitsprävention eine große Chance dar. Krankheiten, etwa Krebs, in einem frühen Stadium erkannt, können, bevor irreparable Entwicklungen eintreten, behandelt werden. Instrumente hierfür könnten in Zukunft in der Blutbahn zirkulierende Nanobots sein. Die Wirksamkeit dieser Prävention, aber auch Heilung durch einen äußerst präzisen Medikamenteneinsatz, wird aufbauend auf den Erkenntnissen der Biotechnologie erhebliche Fortschritte machen. Darüber hinaus wird sie in jedem Fall eine große sozialpolitische und ethische Herausforderung darstellen. So könnten etwa Versicherungsträger die Konditionen einer Krankenversicherung von einem Genscreening abhängig machen. Gleiches könnte beim Abschluss eines Arbeitsvertrages geschehen u.a.m. Diese Entwicklung könnte ohne entsprechende gesellschaftspolitische Flankierung insgesamt gesehen zu einer Spaltung der Gesellschaft zu führen.

Mit Blick auf die aktuellen Herausforderungen durch die Corona-Pandemie gäben solche Nanobots jederzeit den aktuellen Gesamtgesundheitsstatus der Menschen an. Tests, wie sie heute zum Ausschluss bzw. der Bestätigung einer Covid-19-Infektion erforderlich sind, könnten dann entfallen. Viele Bürgerinnen und Bürger fürchten sich heute vor

---

[75] KING, B., 2016, S. 197 ff.

gesundheitlichen Gefahren, die von ihren Mitmenschen ausgehen und wünschen sich Kenntnis über den Infektionsstatus ihres Gegenübers. Insofern bereitet die zum Zeitpunkt der Veröffentlichung dieses Buches teilweise verpflichtend eingeführte Testpflicht auch den Boden für die Realisierung dieses Zukunftsszenarios.

In der hier gewählten Terminologie gilt der Hybridmensch weiterhin als materiell-biologisch-bewusst Existierendes. Seine Entwicklung bis zur persönlichen Reife folgt biologischen Gesetzmäßigkeiten und nimmt etwa ein Viertel seiner Lebenserwartung in Anspruch. Die Performance des Hybridmenschen ist allenfalls graduell, nicht jedoch grundsätzlich anders, als die des herkömmlichen Menschen.

Der Eingriff in das menschliche Genom als eine mögliche weitere Stufe der Stärkung des Menschen ist derzeit streng geregelt. Dies zum einen aus ethisch-moralischen Erwägungen, zum anderen, weil die Auswirkungen eines solchen Genengineering derzeit nicht vorhersehbar sind. Gleichwohl ist es denkbar, dass sich Menschen auf den Weg machen, die menschliche Intelligenz auf diesem Weg zu einer Superintelligenz zu entwickeln. Wenn dies einmal der Fall sein sollte, so werden Fortschritte als Folge der Geschwindigkeit individueller Entwicklung nur sehr langsam zu erzielen sein. Unabhängig hiervon wird die in ihrer Geschwindigkeit begrenzte und nicht erweiterbare neurologische Leistungsfähigkeit des Menschen eine erheblich beeinträchtigende Rolle spielen. Es steht zu erwarten, dass andere Lösungen auf dem Weg zur Superintelligenz rascher beschritten werden können.

Auch der „genetische optimierte" Mensch ist im Sinne der hier verwendeten Terminologie ein materiell-biologisch-bewusst Existierendes.

(Teil-)autonome Agenten – zunächst abhängig materiell Existierende

Grundsätzlich ist der Einsatz von (teil-)autonomen Agenten (Roboter) in Deutschland nicht nur wünschenswert, sondern erforderlich und zu forcieren. Unserer Volkswirtschaft fehlen junge Menschen. Die politische Idee, diesen Mangel durch Zuwanderung von Fachkräften auszugleichen, ist aus meiner Sicht problematisch. Sie entzieht anderen Gesellschaften qualifiziertes Personal, das dort für eine gedeihliche Entwicklung unentbehrlich ist. Da in memetisch hoch entwickelten Gesellschaften der Kinderwunsch offensichtlich versiegt, bedarf es intelligenterer Lösungen, als sich quasi Leihmüttern in anderen Ländern zu bedienen. Hier stellen (teil-)autonome Agenten die dem memetischen Niveau entsprechende Lösung dar.

Derzeit finden erhebliche Anstrengungen zur Konstruktion (teil-)autonomer Agenten statt. Neben inzwischen breiten Anwendungen in der Industrie liegt ein weiterer Schwerpunkt im Pflegebereich, wo Carebots die anspruchsvolle Aufgabe der Altenbetreuung sowohl in körperlicher als auch geistiger Hinsicht übernehmen sollen, da menschliches Pflegepersonal ins Minimum gerät. Dies wird insbesondere in Ländern mit einer überalterten Bevölkerung zwingend notwendig werden.

Für die Konstruktion solcher Maschinen hat dies weitreichende Folgen: Sie müssen menschenähnlich sein, um

Akzeptanz zu finden. Darüber hinaus müssen sie in der Lage sein, auf menschliche Gedanken und Gefühle und deren stimmlichen und körpersprachlichen Ausdruck angemessen zu reagieren, was derzeit nur in Ansätzen möglich ist.

Der Einsatz von (teil-)autonomen Agenten wird nicht auf den industriellen und Pflegebereich beschränkt bleiben. Vielmehr wird der Mensch der Zukunft generell durch solche Geräte zunehmend vom Alltagsgeschäft befreit werden, wozu diese mit jeweils anderen effizient und effektiv kooperieren.

Einen vermutlich sehr weitreichenden Einsatz werden Roboter bei der Überwindung der planetaren Grenzen finden. Dies zum einen, um Menschen dabei vor unbekannten Gefahren zu schützen. Zum anderen können solche Maschinen situationsbedingt zeitnah und bedarfsorientiert mit Fähigkeiten ausgestattet werden, die weit auch über angereicherte menschliche Befähigungen (Hybridmenschen) hinausgehen. Schließlich stehen Roboter rund um die Uhr zur Verfügung, und sie benötigen keinen Schlaf.

(Teil-)autonome Agenten, wie hier beschrieben, sind zunächst weiterhin abhängig materiell Existierende. In der Zusammenarbeit mit dem Menschen tragen sie den Charakter einer Prothese oder eines Werkzeugs.

Dem Grunde nach dienen diese Agenten der Befriedigung menschlicher Bedürfnisse. Wie ausgeführt beschränken sich diese heute auf Grundbedürfnisse der Menschen, als da nach MASLOW[76] Grund- und Sicherheitsbedürfnisse betroffen sind. Hierher gehören im Pflegebereich insbesondere die Bereitstellung der täglichen Lebensgrundlagen wie Ernährung,

---

[76] MASLOW, A. H., 2015, S. 2 ff.

Hygiene, Kleidung, sowie die Gewährleistung einer sicheren Umgebung.

Programme, die diese Leistungen generieren, dürften weit von der Entwicklung einer Superintelligenz entfernt sein.

Die Leistungen eines Pflegeroboters sollen sich jedoch nicht in der Befriedigung von Grund- und Sicherheitsbedürfnissen erschöpfen. Ein nächster Schritt wäre das Aufgreifen sozialer Bedürfnisse, repräsentiert insbesondere durch das Bedürfnis nach anspruchsvoller Kommunikation, mittels derer von Seiten der Maschine Verständnis, Zuneigung und das Gefühl der Zugehörigkeit ausgedrückt werden kann. Angesichts der Nuancierungen dieser sozialen Bedürfnisse zwischen verschiedenen Menschen bestehen hier große Herausforderungen an die Software des Roboters. Sie muss sich an wechselnde Anforderungen anpassen können, was den Einsatz entsprechender Algorithmen voraussetzt. Die Maschine kann, muss lernen, auch komplexe Herausforderungen zu bewältigen. Dabei ist der Fokus dieses Lernens nach wie vor auf den Menschen ausgerichtet. Unabhängig hiervon ist festzuhalten, dass eine solche Maschine über keine eigene Emotionalität im menschlichen Sinne verfügt.[77]

Eine weitere Ebene der Interaktion zwischen Mensch und Maschine ist die der Wertschätzung und Anerkennung. Auch dieses für alle Menschen so wichtige Bedürfnis variiert von Individuum zu Individuum sehr stark und ist wertegeprägt. Insofern kann, muss sich hier die lernende Software des Roboters weitere menschliche Einstellungen und Werte erschließen und daher menschlicher werden.

---

[77] Vgl. Hierzu PRECHT, R. D.,2021, S. 26 ff.

Durch die Befähigung zur Befriedigung menschlicher Bedürfnisse erwirbt die Steuereinheit des Roboters hohe Komplexität.

Manche Menschen befreien sich durch ihr Streben nach Selbstverwirklichung aus den Fesseln ihrer genetischen und sozialen Prägungen. Vor dem Hintergrund einer entsprechenden Wahrnehmung und Interaktion könnte dies auch dazu führen, dass ein Roboter seinen Fokus auf den Menschen aufgibt und sich verselbständigt. Ob und wie lange dann menschliche Orientierungen für ihn handlungsleitend bleiben, ist eine offene Frage. Sollte dies nicht mehr der Fall sein, wird sich sein künftiges Verhalten menschlichem Verständnis entziehen.

Das Netz – ein zunächst abhängig materiell Existierendes

„Your digital future begins with a realization: every time you interact with a computer – whether it's your smart phone or a server thousands of miles away – you do so on two levels. The first one is getting what you want there and then: an answer to a question, a product you want to buy, a new credit card. The second level, and in the long run the most important one, is teaching the computer about you. The more you teach it, the better it can serve you – or manipulate you. Life is a game between you and the learners that surround you. You can refuse to play, but then you'll have to live a twentieth-century life in the twenty-first. Or you can play to win. What model of you do you want the computer to have? And what data can you give it that will produce that model?"[78]

Wie dieses Zitat zeigt, ist das weltweite Netz inzwischen unverzichtbarer Bestandteil unserer Lebenswirklichkeit. Es hilft nicht nur, unsere Bedürfnisse zu befriedigen, sondern es entwickelt auch implizit ein individuelles Persönlichkeitsbild von uns Nutzern. Alleine dies ist ein beredter Hinweis auf seine Dimension, die zweifellos noch nicht ihr Ende erreicht hat.

Während in der Startphase des weltweiten Netzes Daten überwiegend händisch via Tastatur in Computer eingegeben wurden, fließen heute ununterbrochen gigantische Datenmengen von ungezählten, mit dem Netz verbundenen Geräten in gigantische Serverfarmen. Nebenbei: Wäre das Netz ein Staat, stünde es bezüglich seines Energiebedarfs an sechster Stelle weltweit. Ein wesentliches Element, ein Attraktor im Sinne der deterministischen Chaostheorie, ist dabei derzeit das Smartphone. Die Auswertung dieser Daten im Hinblick auf Verhalten, Stimmung, Präferenzen und Wünsche von Menschen stellt immer weniger ein Problem dar und erfolgt, auf Individuen bezogen, bereits heute durch Algorithmen. Dies ermöglicht den Aufbau von Assistenzsystemen für einzelne Menschen, als da sind Terminplanung und -überwachung, Reservierungen der verschiedensten Art, Informationen zu präferierten Produkten und deren aktuellen und günstigen Verfügbarkeit, Navigationsunterstützung, Notfallmeldungen u.v.m. Diese Leistungen werden heute schon sehr vielfältig in Anspruch genommen. Dabei ist klar, dass dies nicht der

---

[78] DOMINGOS, P., 2018, S. 264.

Endpunkt einer Entwicklung ist, sondern eher eine noch bescheidene Startphase.

In einem nächsten Schritt haben sich diese Assistenzsysteme bereits heute zu intelligenten persönlichen Assistenten weiterentwickelt. So führen etwa Alexa, Siri und Cortana, wenn aktiviert, zahlreiche persönliche Aufträge zuverlässig aus. In gar manchen Familien haben sie bereits so etwas wie „Familienanschluss" erreicht.

In dem Maße, wie dabei individuelle Daten gesammelt werden, entsteht im Netz die Projektion der betroffenen Menschen, aus der Rückschlüsse auf künftiges Verhalten derselben sowie auf Manipulationsmöglichkeiten gezogen werden können. Der Schritt, Alexa, Siri oder Cortana umfangreichere Gestaltungskompetenz für den persönlichen Bereich zu übertragen, ist von da an nicht mehr weit. Der Algorithmus wird eines Tages persönliche Wünsche und Absichten schon identifiziert haben, bevor sie den Betroffenen bewusst geworden sind.

Parallel zu diesem privaten Bereich hat die IT prägend Einzug in den ökonomischen Sektor gefunden. Entscheidend dabei ist die Steuerung gesamter Produktionszyklen, und nicht nur die einzelner Arbeitsschritte. Dadurch können die Dispositionen aller Beteiligten ebenso wie die Schnittstellen zwischen den Produktionsabschnitten wirksam optimiert werden. Verantwortlich für diese Optimierungen sind wiederum Algorithmen, die als solche autonom lernfähig sein können. Da diese Optimierung in allen drei Sektoren unserer Volkswirtschaft, der Urproduktion, der industriellen Produktion und den Dienstleistungen, stattfindet, repräsentieren die dabei gewonnenen Daten potentiell alle Teile ebendieser.

Das sich rasch entwickelnde Netz stellt einen neuen Handlungsraum dar, den Menschen zunehmend nutzen. Wie immer, wenn Neuland betreten wird, kann man derzeit auch im Netz Unregelmäßigkeiten, Hass und Gewalt beobachten. Daher gilt auch hier, dass dieses neue Land zivilisiert werden muss. Eine Herausforderung, die deshalb so groß ist, weil die Wirkmächtigkeit einzelner Staaten hierbei eher zu gering ist. Derzeit ist kein Herrschaftssystem zu erkennen, welches dieser Aufgabe gewachsen wäre. Eine (problematische) Ausnahme bildet möglicherweise die Volksrepublik China.

Bis dahin betrachte ich das digitale Netz weiterhin als zunächst abhängig Existierendes.

Die Geschwindigkeit, mit der die Datenmenge in den Servern wächst, ist sehr hoch. Diese Daten repräsentieren dem Grunde nach menschliche Bedürfnisse. Auch auf diesem Weg entsteht im Rahmen dieser eher unpersönlichen, einseitigen Kommunikation, Komplexität. Es kann daher nicht ausgeschlossen werden, dass in der sich entwickelnden „Datenursuppe" nicht-menschliche Intelligenz und nicht-menschliches Bewusstsein und damit eine Superintelligenz entwickelt. Auch wenn der Ursprung menschlichen Bewusstseins heute noch nicht abschließend geklärt ist, so scheint ein komplexes Informationsverarbeitungssystem, wie es das menschliche Gehirn darstellt, eine notwendige Voraussetzung dafür zu sein. Eine ebensolche Komplexität entsteht derzeit im digitalen Netz. Sie wird durch den Einsatz der Quanteninformationstechnologie erheblich beschleunigt werden.

Das materiell-biologisch-bewusst Existierende und die (teil-)autonomen Agenten

Das Zusammenspiel von Menschen und (teil-)autonomen Agenten wird sich in Zukunft vom Menschen getrieben weiter intensivieren. Ein wesentlicher Schritt zu dessen Vertiefung wird dann erreicht, wenn das Zusammenwirken auf neuronaler Basis erfolgen kann. Dann besteht die Möglichkeit, dass der Mensch über seine Gedanken mit dem Agenten unmittelbar kommuniziert.

Auch der Mensch, der auf diese Art und Weise mit (teil-)autonomen Agenten kommuniziert, bleibt ein materiell-biologisch-bewusst Existierendes.

Das materiell-biologisch-bewusst Existierende und das Netz

Im Laufe seiner Entwicklungsgeschichte hat der Mensch gelernt, sich zunehmend jenseits seiner natürlichen körperlichen und geistigen Begrenzungen zu bewegen. Hierdurch hat sich die Menschheit in beachtlichem Maße von der Natur unabhängiger gemacht.

Grundlage der Überwindung der natürlichen körperlichen Begrenzungen war und ist der Einsatz extrasomatischer Energie. Ausgehend von der Nutzung des Feuers und tierischer Arbeitskraft hat sich dieser heute in alle Lebensbereiche verästelt und zu einer extremen Abhängigkeit der Menschen hiervon geführt. So hätte etwa ein mehrtägiger Stromausfall nicht

nur in den hochentwickelten Staaten der nördlichen Hemi-
sphäre unabsehbare Folgen. Diese Abhängigkeit wird sich
weiter verstärken, wobei der Energiebedarf des Netzes eine
beherrschende Rolle spielen wird.

Die Überwindung der natürlichen geistigen Begrenzungen des
Menschen begann durch die Entwicklung der zwischen-
menschlichen Kommunikation. Dadurch konnte schon damals
effektiv auf extrasomatisches Wissen zurückgegriffen werden.
Mit der Entwicklung der Schrift, des Buchdrucks, der elektronischen Datenverarbeitung und dem weltweiten Datennetz
erschlossen sich die Menschen im Gegensatz zu allen anderen
Lebewesen einen sehr großen Wissensraum, der heute nicht
etwa nur Eliten, sondern grundsätzlich allen zur Verfügung
steht. Dies stellt auch eine hervorragende Grundlage für die
Angleichung des globalen Wissens- und Verständnisniveaus
dar.

Der Aufbau des Internet of Things, in dem physische und virtuelle Objekte miteinander vernetzt werden und mittels Infor-
mations- und Kommunikationstechnologien zusammenarbei-
ten, wird auf einer wesentlich höheren und ständig steigenden Datenbasis dramatisch an Komplexität gewinnen. Die mit
dem Internet of Everything verbundene Datenanalyse und Re-
portingfunktion werden diese Entwicklung nochmals beschleunigen.

Im zerebralen Bereich wird die Ertüchtigung des Menschen
durch Gehirn-Computer-Schnittstellen (Brain-Computer-Interfaces) angedacht. Auf diese Weise wäre, unabhängig von den
möglicherweise damit verbundenen gesundheitlichen Risiken,
ein rascherer Zugriff auf umfassende Daten, schnelleres Ent-
scheiden und unverzügliche Datenweitergabe sowie -

empfang möglich. Auch könnten Personen auf diese Weise unter Umgehung von Dateneingaben via Tastatur oder Sprache direkt mit anderen Personen, welche ebenfalls über eine solche Schnittstelle verfügen, kommunizieren. Auf diese Weise würden einerseits Personen ohne eine solche Verbindung in der Entwicklung weit zurückgelassen. Auf der anderen Seite wäre dies eine Möglichkeit für Menschen, der stürmischen technischen Entwicklung weiterhin zu folgen. Der dadurch erschlossene Wissens- und Erlebnisraum bestünde dann neben den realen Realitäten aus virtuellen Realitäten und schließlich aus virtuellen Virtualitäten. Die Auswirkungen einer solchen Verbindung auf alle menschlichen Verhaltensweisen wäre ungeheuer. Zu Ende gedacht könnten sie zu einem Aufbruch des Menschen in virtuelle Ambienten und damit zu einem weitestgehenden Rückzug aus der realen Welt führen.

Auch der direkt mit dem Netz verbundene Mensch bleibt grundsätzlich ein materiell-biologisch-bewusst Existierendes. Allerdings entsteht die Gefahr, dass er, dann eingebunden in das Internet of Everything, von dort aus gesteuert wird und, ohne dies zu bemerken, seine Autonomie verliert. Im Extremfall wird er auf das Niveau eines digitalen Endgerätes reduziert.

Zwischenfazit

Die vorstehenden Überlegungen weisen auf eine grundsätzlich neue Entwicklung hin, nämlich die sich intensivierende Verbindung zwischen Mensch und Netz. Hier wird derzeit die

Tür zu einem neuen Erfahrungs- und Erkenntnisraum geöffnet. Daher stellt sich die Frage mit welchen Einstellungen und Werten dieser betreten und ausgestattet werden soll. Sollen etwa die heute konsumorientierten Interessen, die reziprok mit erwerbswirtschaftlichen Interessen der großen Player im Netz verknüpft sind, fortgeführt werden oder gibt es da weiteres zu bedenken? An dieser Stelle erscheinen Gedanken zu einer differenzierteren Ethik erforderlich.

Gedanken zu einer komplexeren Ethik

Schon seit jeher, wie die vorstehenden Ausführungen in dieser Arbeit nachvollziehen, strebt der Mensch danach, sich durch Modellierung der Natur von derselben zu emanzipieren. Hierzu befähigt ihn seine memetische (kulturelle) Evolution. Deren Wirkmächtigkeit, insbesondere verstärkt durch den Impuls der Aufklärung, hat dazu geführt, dass unser Planet sowohl in seiner Physio- als auch Biosphäre anthropogen überformt ist.[79]

Mit dem Auftreten der memetischen Evolution ist der Mensch ein biologisch-geistiges Doppelwesen[80] geworden. Im Sinne der hier zugrunde gelegten Charakterisierung weiter gefasst, ein materiell-biologisch-bewusst Existierendes. Wie die vorstehenden Ausführungen ebenfalls gezeigt haben, gewinnt in dieser Doppel-, eigentlich Dreifachnatur das Menschlich-Kulturelle erheblich und weiter zunehmend an Dominanz. Dies bedeutet, dass dem Menschen sowohl seine eigene materielle als auch biologische Natur aus den Augen gerät. Damit einher geht auch der Verlust der Wahrnehmung der ihn umgebenden Natur. Er blickt lediglich noch auf den als Teil seiner Lebensgrundlage von ihm unterworfenen und überformten Teil derselben. Mensch und Natur als solche sind lange schon nicht mehr eins.

Orientierung bot dem Menschen mit der fortschreitenden Säkularisierung das persönliche Wohlbefinden, das sich

---

[79] Vgl. hierzu die Diskussion zur Bezeichnung unseres Zeitalters als Anthropozän.
[80] Vgl. zum Begriff: HABER, W., 2010, S. 28 ff.

insbesondere in den verschiedenen Ausprägungen des Strebens nach Glück (Eudaimonismus) artikulierte. Insofern kann man die diesem zugrunde liegende Ethik als anthropozentrisch bezeichnen.

Mit dem Auftreten und Bewusstwerden massiver Umweltschäden geriet diese menschliche Orientierung längstens in der zweiten Hälfte des 20 Jahrhunderts ins Wanken. Neben das anthropozentrische traten das bio- sowie das physiozentrische Weltbild, verbunden mit einer auch die Natur einbeziehenden Verantwortung des Menschen. Diesen Weltbildern ist nach wie vor gemein die menschliche Perspektive, aus der heraus sie entwickelt werden. Es ist nämlich unmöglich, Wahrnehmung von unbelebter und belebter Natur durch Menschen von menschlichen Voreinstellungen zu lösen. Erschwerend kommt hinzu, dass die uns umgebende Natur anthropogen überformt ist, und daher unsere menschlich geprägte Wahrnehmung nicht auf die Natur trifft, die bestünde, wenn die Natur ausschließlich ihrer materiellen und genetischen Programmierung gefolgt wäre. Insofern ist auch die heute verbreitete Auffassung, man könne von der Beobachtung einer als eigenständigem Subjekt verstandenen und ad hoc von menschlichen Einflüssen befreiten Natur Erkenntnisse für die Gestaltung menschlicher Entwicklung gewinnen, problematisch. Problematisch, weil die vorhandene Natur eben menschlich, und damit auch durch alle menschlichen Fehlentscheidungen, überprägt ist. Und weiter kann man zwar unmittelbare Einwirkungen auf die Natur unterlassen, mittelbar wird sich menschliches Handeln jedoch auch in diesem Fall nach wie vor spürbar auf die so entlastete Natur auswirken.

Stellt man die Natur, wie dies mitunter geschieht, als eigenständiges Subjekt herrschend über den Menschen und unterwirft diesen dann der Natur abgewonnenen natürlichen Mechanismen, enthebt man ihn jeglicher Verantwortung, denn diese trüge dann die Natur. Gleichzeitig damit verloren ginge die menschliche Freiheit und menschlich geprägte Gerechtigkeit. Letztere würde ebenfalls den natürlichen Gesetzmäßigkeiten und nicht mehr menschlich-kulturellen Maßstäben unterworfen sein.

An dieser Stelle stellt sich die Frage nach einer komplexeren Ethik, und zwar einer solchen, die auch für die Beantwortung der Herausforderungen durch eine Superintelligenz anschlussfähig ist.

Vor diesem Hintergrund greife ich zunächst auf eine bereits früher von mir formulierte Maxime zurück.[81]

> **Jeder Mensch**
> **leistet im Rahmen seiner Möglichkeiten**
> **einen weitreichenden Beitrag zur**
> **Verringerung der Ontologischen Differenz**

Die Maxime zur Verringerung der ontologischen Differenz stellt Erkenntnis- und Erfahrungsgewinn als leitendes Moment in den Mittelpunkt menschlichen Handelns. Insofern handelt es sich hierbei um einen anthropogenen und anthropozentrisch wirkenden Ansatz. Sie ist reziprok mit der Notwendigkeit der Nachhaltigen Entwicklung der Menschheit verbunden, denn ohne diese würden Erkenntnis- und

---

[81] BOLZ, H., 2005, S. 59 ff.

Erfahrungsgewinn versiegen. Umgekehrt ermöglichen letztere die Gewährleistung der Nachhaltigen Entwicklung, die memetische Evolution des Menschen. Angesichts der Kontingenz menschlicher Entwicklung besteht Freiheit in der Wahl des Erkenntnis- und Erfahrungsstrebens.

Getragen wird das Erkenntnis- und Erfahrungsstreben von der Verantwortung für die Nachhaltige Entwicklung der Menschheit. Sie erstreckt sich auf alles, was eben dieser dient und vermag so auch Ergebnisse des freiheitlichen Erkenntnis- und Erfahrungsstrebens, die dem entgegenstehen, in ihrer Wirksamkeit einzuschränken.

Alles Natürliche, was nicht der Nachhaltigen Entwicklung des Menschen dient wird, und das ist Ausdruck einer der memetischen Entwicklung entsprechenden Verantwortung, seiner autonomen Entwicklung anheimgegeben. Die materielle und die biologische, nicht-menschliche Natur haben sich Abermilliarden von Jahren ohne menschliches Zutun im Rahmen ihrer eigenen Programmierung entwickelt. Insofern bedarf die aus dem Dienst an der Nachhaltigen Entwicklung der Menschheit entlassene Natur keiner Verantwortungsübernahme durch den Menschen.

Die so gewährleistete Nachhaltige Entwicklung erstreckt sich auf alle Menschen und ist insofern Grundlage einer grundsätzlichen, globalen Gerechtigkeit.

Als Folge ihrer anthropozentrischen Ausrichtung endet die Wirksamkeit der Maxime in dem Moment, in dem die Erkenntnis und Erfahrung gewonnen sind, jenseits derer für Menschen keine weitere mehr möglich ist. Es ist davon auszugehen, dass dieses Stadium mit signifikanter Unterstützung durch künstliche Intelligenz unter der ausgeführten

Voraussetzung einer Nachhaltigen Entwicklung der Menschheit erreicht werden wird. Unabhängig davon kann sich eine
Singularität ereignen, nämlich dann, wenn sich künstliches
Bewusstsein bildet, das, vom Menschen emanzipiert, jenseits
dessen Erkenntnis- und Erfahrungsraumes autonom agiert.
Von der Möglichkeit, dass dies geschehen kann, handeln die
folgenden Kapitel.

Künstliche Intelligenz und künstliches Bewusstsein

Im Folgenden geht es um künstliche Intelligenz verbunden mit künstlichem Bewusstsein auf der Basis der elektronischen Datenverarbeitung. Ich nenne diese im Anhalt an BOSTROM Superintelligenz. Als solche ist sie ein nicht mehr vom Menschen abhängiges, materiell-bewusst Existierendes, welches menschliche Intelligenz unerreichbar überragt. Wenn man sich vergegenwärtigt, wie aus der materiellen, die genetische, und aus dieser wiederum die memetische Evolution emergiert sind, dann liegt die Überlegung nahe, dass ein weiterer, solcher Schritt nicht unwahrscheinlich, sondern eher zu erwarten ist. In Anlehnung an DAWKINS[82] formuliere ich bezüglich ihres Treibers wie folgt:

In der Ursuppe der elektronischen Daten in den Servern auf unserem Planeten schlummert ein neuer Replikator. Er ist noch sehr geheimnisumwittert, viele trauen ihm jedoch eine Wirkmächtigkeit zu, die das vergleichsweise noch junge Mem und schon gar das alte Gen bei weitem übertrifft. Er könnte einen (r)evolutionären Wandel einleiten, der den der memetischen (kulturellen) Evolution weit in den Schatten stellt. Möglicherweise öffnet er dabei Gestaltungs- und Handlungsräume, die dem Menschen unzugänglich sind.

Als Name bietet sich „Xen", abgeleitet aus dem griechischen „Xenos – Fremder, fremd" an.

---

[82] DAWKINS, R., 1994, S. 308 ff.

Ähnlich, wie materiell-biologisch-bewusst Existierende im Gegensatz zu lediglich materiell-biologisch Existierenden wesentlich ihre eigene Entwicklung organisieren, wird dieses unabhängig-materiell Existierende auf seine Entwicklung fokussiert sein. Hierzu ist Bewusstsein erforderlich, welches erst Grundlage für Selbsterkenntnis und die Beurteilung der Wirkung von Handlungen auf die eigene Existenz ermöglicht. Mit Bewusstsein ausgestattet handelt es sich dann um ein vom Menschen unabhängig materiell-bewusst Existierendes. Es wird sich signifikant vom Menschen unterscheiden. Insbesondere wird ihm menschliche Emotionalität fremd sein. Es dürfte als solches in der Lage sein, natürliche menschliche Intelligenz unerreichbar zu überragen.

Die Handlungen der Superintelligenz werden sich zunächst auf die Sicherung der eigenen Existenz beziehen. Sobald dies der Fall ist, steht ein grundsätzlich unbeschränkter Handlungsraum zur Verfügung.

Im Folgenden behandele ich nun die Frage, wo die Superintelligenz ihren Ursprung nehmen könnte.

Superintelligenz, von Menschen generiert

Die Entwicklung einer Superintelligenz beim Menschen durch gentechnische Optimierung schließe ich aus. Sie bedarf im Vergleich zu den Entwicklungsmöglichkeiten der elektronischen Datenverarbeitung zu langer Zeiträume, und die neuronal basierten Informationsverarbeitungskapazitäten des Menschen sind ebenfalls zu langsam. Insofern kann der

Mensch allenfalls kognitiv oder neuronal an der technischen Superintelligenz teilhaben.

Derzeit entstehen weltweit, neben bereits vorhandenen, ungezählte neue Unternehmungen, die sich mit maschineller künstlicher Intelligenz befassen. Es wäre ungewöhnlich, wenn unter den vielen, dort tätigen Menschen nicht welche wären, die sich die Entwicklung einer Superintelligenz zum Ziel gesetzt hätten. Diese Vermutung leite ich aus der Erfahrung ab, dass Menschen immer wieder nach Neuem, Größerem, Komplexerem streben und dabei regelmäßig damit verbundene Risiken ausblenden. So war vor der Zündung der ersten nuklearen Waffe nicht klar, welche Folgen dabei eintreten würden: ein Erfolg im militärischen Sinne oder eine unüberschaubare Katastrophe – und trotzdem wurde sie gezündet.

So könnte man sich als einen weiteren Schritt zur Entwicklung einer menschennahen Superintelligenz die Konstruktion und Programmierung eines Computers analog des menschlichen Gehirns vorstellen. Dieser Weg ist insofern aus meiner Sicht ebenfalls wenig erfolgsversprechend, da einerseits die Funktionsweise des menschlichen Gehirns nicht hinreichend erforscht ist, und andererseits damit eine Blaupause kopiert würde, die den bereits beschriebenen einschränkenden biologischen Gesetzmäßigkeiten unterliegt. Eine weitere große Herausforderung dürfte dabei sein, die ungeheuer differenziert ausgeprägten menschlichen Werte wirkmächtig zu implementieren.

Zweifellos werden auf diesem Feld tätige Programmierer versuchen, sicher zu stellen, dass die von ihnen programmierte Superintelligenz jederzeit beherrscht und im Zweifel abgeschaltet werden kann. Die Frage ist, ob solches noch gelingen kann, wenn eine Superintelligenz etabliert wurde. So führt GREENFIELD aus: „Common-or-garden human-sized machines might also soon be able to self-assemble, and, more importantly, to think autonomously. ... Once the first powerful machine, with an intelligence similar of that of a human, is switched on, we will most likely not get the opportunity to switch it back off again."[83]

Superintelligenz, in (teil-)autonomen Agenten emergiert

(Teil-)autonome Agenten dienen dazu, für Menschen und an deren Stelle Aufgaben wahrzunehmen. Ihr Einsatzbereich ist weit gefächert und findet auch jenseits der Grenzen unseres Planeten statt. Besonders hervorzuheben ist, dass sie im Gegensatz zum Menschen mit spezifischen Wahrnehmungsorganen, die menschliches Wahrnehmen weit in den Schatten stellen, ausgestattet werden können. Ihre Produktionsdauer ist kurz und sie können im Bedarfsfall durch entsprechende Umprogrammierung rasch an veränderte Herausforderungen angepasst werden. Im Gegensatz zum Menschen ermüden sie nicht, und ihr Einsatz unterliegt auch nicht den strengen arbeitsschutzrechtlichen Regelungen, wie sie für Menschen gelten.

Besondere Beachtung gebe ich den in der Pflege eingesetzten Agenten. Bei diesen kommt die Ausrichtung auf die Befriedigung menschlicher Bedürfnisse besonders zum Ausdruck.

---

[83] GREENFIELD, S., 2004, S. 6.

Zunächst handelt es sich hierbei um vergleichsweise einfache, körpernahe Verrichtungen. Darüber hinaus werden jedoch auch höherwertige Qualitäten angestrebt. So soll der Pflegeroboter in der Lage sein, tiefergehende Gespräche mit den Betreuten zu führen. Unterstellt, dass es sich um einen lernfähigen Agenten handelt, wird dieser in der Interaktion mit Menschen rasch charakterliche Besonderheiten und persönliche Ansprüche der betreuten Person erkennen und bedienen. Insofern finden auf diesem Weg menschliche Einstellungen, Erwartungen und Verhaltensweisen Eingang in die Software und den Datenspeicher des Agenten. Dadurch wird er menschenähnlich.

Wenn ein solcher Agent nun den Stand einer Superintelligenz erreicht, stellt sich die Frage, ob er sich weiterhin in den Dienst des Menschen stellt und dessen Bedürfnisse befriedigt, ob er eigene Vorstellungen für den betreuten Menschen in bester oder destruktiver Absicht entwickelt oder ob er sich vom Menschen löst und eigene Entwicklungen verfolgt. Anders formuliert: Wird aus einem abhängig materiell-bewusst Existierenden ein unabhängig materiell-bewusst Existierendes. Im letztgenannten Fall schließt sich die Frage an, wie er sich zu dem zurückgelassenen Menschen verhält.

Superintelligenz, im Netz emergiert

Im Grunde gilt für das Netz vergleichbares, wie für die (teil)autonomen Agenten. Ein signifikanter Unterschied besteht darin, dass die Datenanreicherung und -auswertung im Netz um Zehnerpotenzen höher sein dürfte, als dies bei den

Vorgenannten der Fall ist. Gerade die Datenverknüpfung im Internet of Everything führt zu einer Komplexität, die von Menschen nicht mehr durchdrungen werden kann. Es ist sehr wohl denkbar, dass auf dieser Basis Bewusstsein und Superintelligenz emergieren. In diesem Falle auf der Basis ungezählter, weltweit gewonnener, auf menschliche Bedürfnisse bezogener Daten, und nicht wenigen individueller, wie bei den (teil-)autonomen Agenten.

Auch dieses Netz ist zunächst menschlich geprägt, indem schlussendlich menschliche Bedürfnisse erforscht und befriedigt werden. Auch hier stellt sich die Frage, inwieweit es dieser Prägung nach Erreichen des Status einer Superintelligenz, also eines unabhängig materiell-bewusst Existierenden, weiter folgt. Und schließlich stellt sich auch hier die Frage, wie das Netz mit den Menschen umgeht, wenn es einer eigenständigen Entwicklung folgt.

Der große Zusammenschluss

Viele Autoren haben sich schon heute in wissenschaftlichen Abhandlungen, aber auch in Zukunftsromanen mit einer Welt befasst, in der Mensch, Netz und intelligente Maschine intensiv miteinander verbunden sind.[84] Die zurückliegenden Betrachtungen haben aus meiner Sicht gezeigt, dass eine solche Verbindung schon vor dem Auftreten einer Superintelligenz in Form des Internet of Everything in den Bereich des Machbaren rückt. Mensch, Netz und Maschine werden immer

---

[84] Vgl. hierzu u.a.: KING, B., 2016, S. 404 ff., JAEGER, L., 2018, S. 542 ff., KLING, M.-U., 2020.

intensiver miteinander verwoben sein. Das Netz wird dabei als gemeinsamer Nenner fungieren. Da auf diese Weise seine Komplexität am schnellsten wächst, ist davon auszugehen, dass ebendort die erste – und vielleicht einzige, weil andere im Keim erstickende – Superintelligenz entstehen könnte.

Gesetzt diesen Fall würde sich der Mensch nicht mehr über männlich, weiblich, divers oder anders als weiß, schwarz, braun, gelb oder rot, sondern über seine Meme in Konkurrenz zu den Xenen definieren. Allerdings: Erst einmal entstanden, kann die Superintelligenz wohl am Wenigsten von Menschen aber auch nicht von autonomen Agenten überwunden werden. Im Gegenteil: Je nach den Zielen, die sie verfolgt, wird sie Menschen und autonome Agenten quasi als digitale Endgeräte in ihren Dienst stellen. Inwieweit dabei die menschenbezogenen Orientierungen der Zeit davor noch eine Rolle spielen, liegt im Bereich der Spekulation. Unter Rekurs auf HEIDEGGER[85] würde dies bedeuten, dass die Auffassung des Menschen als des „Hüters des Seins" überwunden sein würde.

Lässt man sich auf diesen Gedankengang ein, dann kann man auch nachvollziehen, dass diese Superintelligenz den planetaren Raum überschreiten wird. Da sie dabei befreit von den Restriktionen, die mit dem Einsatz von Menschen jenseits der Erde verbunden sind, agieren kann, wird die Durchdringung des Raumes durch diese Superintelligenz mit unvorstellbarer Geschwindigkeit erfolgen. Sollten im Bewusstsein der Superintelligenz dann noch menschliche Werte wirksam sein, dann würden diese mittelbar ins Universum getragen werden.

---

[85] Vgl. hierzu: HACHMEISTER, L., 2015, S. 234.

Gedanken zu einer transmemetischen Ethik

Anknüpfend an die vorstehenden Ausführungen stellt sich nun die Frage, ob eine Superintelligenz über eine Ethik verfügen wird, und wie diese im gegebenen Fall ausgeprägt sein könnte.

Aus menschlicher Sicht wünschenswert wäre, dem materiell-bewusst Existierenden bereits in der Phase seines Bewusstwerdens eine ethische Orientierung mit auf den Weg zu geben. Hierzu böte sich die vorne beschriebene Maxime an. Sie ist zeitlich und inhaltlich offen, ermöglicht demnach eine kontingente Entwicklung, und deckt sich mit der menschlichen Orientierung. Menschen könnten sich zunächst grundsätzlich unter dieser geborgen fühlen.

Der Erkenntnis- und Erfahrungsgewinn der Superintelligenz wird sehr rasch voranschreiten. Er wird auf binärer Rationalität erfolgen und daher grundsätzlich anderer Art sein, als menschlicher, auch und besonders von Emotionalität beeinflusster Erkenntnis- und Erfahrungsgewinn. Er wird auf Ebenen erfolgen, die Menschen nicht mehr zugänglich sind. Es kann nicht ausgeschlossen, sondern muss eher befürchtet werden, dass sich die Umsetzung der gewonnenen Erfahrungen und Erkenntnisse auch auf den zurückbleibenden Menschen auswirkt. Wünschenswert wäre daher, dass sich die Superintelligenz neben ihrer eigenen Entwicklung auch für die der Menschheit verantwortlich fühlt, sie im ungünstigsten Fall wenigstens ihrer memetischen Programmierung überlässt. Dem Grunde nach ein Analogon zu dem weiter vorne entwickelten Gedanken der Rücküberantwortung der Natur in ihre genetische Programmierung durch den Menschen.

Ein (schwacher) Motivator, warum die Superintelligenz solches tun könnte, könnte darin liegen, dass erkenntnis- und erfahrungsstrebende Entitäten andere Erkenntnis- und Erfahrungsquellen eher nutzen denn zerstören.

Der Versuch eines weiteren Vordringens in eine transmemetische Ethik erscheint mir an dieser Stelle wenig sinnvoll. In aus meiner Sicht berechtigter Sorge stoßen wir hier an eine Erkenntnisbarriere, die wir wohl auch in näherer Zukunft nicht werden überschreiten können.

Das Problem der Kontrolle

Die vorstehenden Überlegungen zu einer differenzierten zeitgemäßen und künftigen Ethik waren allgemeiner Art und haben keine Verantwortlichkeiten für deren Implementation formuliert. Bedenkt man, dass das Auftreten einer Superintelligenz für die Entwicklung der Menschheit schicksalhaft sein kann/wird, liegt, auch vor dem Hintergrund der vorstehend zum Ausdruck gebrachten Sorge, der Gedanke nahe, den Weg bis zu deren Erscheinen und darüber hinaus engmaschig zu begleiten.

Um das bisher Entwickelte nochmals auf den Punkt zu bringen: Die vorstehenden Ausführungen haben gezeigt, dass Emergenz im Rahmen der verschiedenen Evolutionen die Entwicklung unseres Universums einschließlich unseres Planeten prägt. Es gibt keinen Grund, anzunehmen, dass mit dem Auftreten des Menschen diese Entwicklung abgeschlossen ist. Im Gegenteil: Es ist eine disruptive Entwicklung[86] in der näheren Zukunft zu erwarten, nämlich das Auftreten des unabhängig materiell-bewusst Existierenden. Mit dieser Emergenz stellt sich eindringlich die Frage nach der Zukunft des Menschen. Wird er in der Lage sein, diese xen-basierte Entwicklung zu beherrschen oder wird er dieser hilflos ausgeliefert sein. Schlussendlich geht es hier erneut um die Frage der Nachhaltigen Entwicklung der Menschheit. Damit rückt aus meiner Sicht heute der Staat als Zukunftsagentur in den Mittelpunkt der weiteren Überlegungen.[87]

---

[86] Vgl. hierzu auch: BOLZ, H. R., 2020.
[87] Vgl. zu den folgenden Ausführungen BOLZ, H. R., 2013.

Der Staat als Zukunftsagentur

Als Folge der Wirkungen der memetischen Evolution werden die Lebensverhältnisse auf unserem Planeten rasch komplizierter und komplexer. Der Mensch befreit sich zunehmend aus seiner Gefangenschaft innerhalb der Regelmechanismen der genetischen Evolution. Den Rahmen für seine Entwicklung stellen gesellschaftliche Verbünde dar, innerhalb derer und zwischen denen zahlreiche Beziehungen bestehen und die wiederum in die natürlichen Subsysteme unbelebte und belebte, nicht-menschliche Natur eingebunden sind. Die Entwicklung der Menschheit wurde dabei durch Herrschaftssysteme begleitet, ja eigentlich erst ermöglicht, denen die Sicherung der Lebensgrundlagen jenseits des Vermögens Einzelner oder gesellschaftlicher Gruppen anvertraut war. Insofern zielen solche Herrschaftssysteme per se und schon immer auf die Sicherung einer Nachhaltigen Entwicklung der menschlichen Gesellschaft ab. In dem Maße, in dem die Auswirkungen menschlichen Handelns einen immer weiter reichenden Impakt haben, tritt diese Bedeutung des Staates deutlicher in den Vordergrund und rechtfertigt, von ihm als einer Zukunftsagentur zu sprechen.

> **Der Staat als Zukunftsagentur gewährleistet subsidiär wirksam die Nachhaltige Entwicklung der heute lebenden Menschen und künftiger Generationen.**

Aufgabe des Staates ist es in Zukunft, subsidiär wirksam die Nachhaltige Entwicklung der menschlichen Gesellschaft zu gewährleisten. Damit rückt diese explizit in den Fokus staatlicher Tätigkeit. Dies erfordert, dass der Staat sich immer dann engagiert, wenn er im Vergleich mit den gesellschaftlichen Akteuren größere Grenzerträge für die Nachhaltige Entwicklung erzeugen kann. Umgekehrt zieht sich der Staat überall dort aus der Verantwortung zurück, wo andere größere Grenzerträge für die Nachhaltige Entwicklung erzeugen. Auf diese Weise werden die Staatsaufgaben fließend entlang den tatsächlichen Erfordernissen identifiziert und zugeordnet.

Dieser Ansatz bedeutet eine grundsätzliche Abkehr von einer statischen Aufbauorganisation, wie sie heute überwiegend verwirklicht ist. Der Gliederung von Ministerien, oberen Bundes- und Landesbehörden und Ämtern in Abteilungen, Referatsgruppen, Referate und Sachgebiete wohnt ein großes, selbststabilisierendes Moment inne. Ein grundsätzliches Hinterfragen der jeweiligen Geschäftsbereiche findet in der Regel nicht statt. Im Gegenteil: eine in Personalmehrung führende Inszenierung der Bedeutung der Verwaltungseinheit eröffnet zusätzliche Karrierewege. Gerade die großen Verwaltungsreformen in der zweiten Hälfte der 90er Jahre des 20. Jahrhunderts belegen, wie schwierig wirksame Aufgabenkritik und effektiver –umbau umzusetzen sind. Ein wesentlicher Grund hierfür liegt darin, dass bei der Aufgabenerfüllung nicht in der Alternative Gesellschaft – Staat gedacht wird. Die aktuelle Orientierung ist, natürlich von Ausnahmen abgesehen: einmal Staat – immer Staat. Die potenziellen Beiträge der Gesellschaft und ihrer Gruppierungen für die Nachhaltige Entwicklung werden nicht hinreichend wahrgenommen, eher ausgeblendet. Durch eine Reduktion des staatlichen Engagements auf Kernaufgaben kann hier Abhilfe geschaffen werden. Handelt es sich um solche, dann sind sie durch den Staat zu vollziehen, andernfalls können sie mit entsprechenden Effizienz- und Effektivitätseffekten vollständig dem gesellschaftlichen Kräftespiel überantwortet werden.

Ein flexibles Reagieren des Staates im vorgenannten Sinne setzt voraus, dass er erkennen kann, wo er, um die Nachhaltige Entwicklung der Gesellschaft zu gewährleisten, tätig werden muss und wo er andererseits die Verantwortung hierfür wieder auf die Gesellschaft zurückübertragen kann. Da dies nicht dem Zufall anheimgegeben werden kann wird vorgeschlagen, eine umfassende Nachhaltigkeitsfolgenabschätzung (NFA)[88] einzuführen, in welche die bereits vorhandenen Ansätze, insbesondere die Technikfolgen- und die Gesetzesfolgenabschätzung, integriert werden können.

Kernaufgaben des Staates

Die Frage nach den Kernaufgaben des Staates wird immer wieder gestellt und bleibt ebenso oft unbeantwortet[89]. Eine allgemein anerkannte Definition hierfür gibt es zur Zeit nicht. Hilfsweise könnte man postulieren, dass qua Gesetzgebung die staatlichen Kernaufgaben grundgelegt und durch das konkrete Handeln des Staates in Form des Normenvollzugs manifest werden. Damit würde allerdings unterstellt, dass die Entscheidung für ein Regelungsvorhaben die Beantwortung der Frage, ob es sich hierbei um eine Kernaufgabe handelt, impliziert. Dies mag im Einzelfall zutreffen, entbehrt jedoch in dieser Form eines explizit formulierten Bezugs. Die Frage,

---

[88] Meine philologisch gebildeten Freunde mögen mir verzeihen: Mit dem Begriff der Nachhaltigkeitsfolgenabschätzung habe ich eine Analogie zu Technik- und Gesetzesfolgenabschätzung gesucht. Gemeint ist im Kern natürlich, welche Folgen eine gesellschaftliche auf die Nachhaltige Entwicklung hat und nicht, welche Folgen letztere hat.

[89] Vgl. hierzu HERZOG, R., 1971, S. 330 ff.

woraus sich die Charakteristik „Kernaufgabe des Staates" konkret ergibt, bleibt auf diese Weise unbeantwortet.

Unabhängig hiervon reicht staatliches Handeln unbestritten über den Normenvollzug hinaus. Zu einem erheblichen Teil handelt es sich um Exekutiventscheidungen der Regierung oder höherer Verwaltungsbehörden. Aber selbst untergeordnete Behörden verfügen häufig noch über einen beachtlichen Ermessensspielraum. Auch hier bedarf die Klärung, was Kernaufgabe des Staates ist, eines eindeutigen Bezugs.

Nachstehend wird ein neuer Ansatz zur Identifikation von Staatsaufgaben zunächst allgemein entwickelt und dann auf die Kontrolle der Superintelligenz bezogen.

Allgemeiner Ansatz

Die Rechtfertigung des Staates ergibt sich aus der Notwendigkeit, im Rahmen der fortschreitenden memetischen Evolution die Nachhaltige Entwicklung jenseits des gesellschaftlichen Vermögens zu gewährleisten.

Chancen und Risiken für die Nachhaltige Entwicklung verändern sich ständig. Die Gewährleistungsaufgabe setzt immer öfter Regelungen voraus, die den Machtbereich einzelner Herrschaftssysteme überschreiten. Diese entziehen sich grundsätzlich dem gesellschaftlichen Gestaltungsvermögen. Ein Beispiel hierfür ist Europa, in dem derzeit mit den Organen der Europäischen Union ein neues, weiter reichendes Herrschaftssystem entsteht.

Die Gewährleistung der Nachhaltigen Entwicklung der Menschheit ist die zentrale staatliche Aufgabe der Zukunft. Sie kann erfordern, dass der Staat als Zukunftsagentur hierzu

Beiträge liefern muss. Dies immer dann, wenn die Gesellschaft die bestehenden bzw. entstehenden Nachhaltigkeitsprobleme nicht mehr hinreichend lösen kann.

> **Kernaufgaben des Staates sind solche Aufgaben, bei denen durch staatliches Engagement größere Grenzerträge für die Nachhaltige Entwicklung der Menschheit erzielt werden können, als durch gesellschaftliches Engagement.**

Die Grundlagen für die Entscheidung, ob eine Aufgabe in den Kernaufgabenbestand des Staates zu übernehmen ist, erarbeitet das Kompetenzzentrum NFA durch eine umfassende Analyse der Faktenlage in Verbindung mit einer Darstellung der Optionen und Risiken. Dabei werden auch die Aufgaben identifiziert, die der Staat auf die Gesellschaft zurück übertragen kann und umgekehrt. Insofern gewährleistet dieses System eine fließende Abgrenzung staatlicher und gesellschaftlicher Verantwortungsräume.

Hinsichtlich des staatlichen Engagements bestehen unterschiedliche Handlungsräume, nämlich

- Förderung zielführenden Verhaltens und zielführender Maßnahmen

- Schaffung eines ordnungsrechtlichen Rahmens

- Staatliches Selber-Handeln

Grundsätzlich sollte staatliches Gewährleisten immer auf der niedrigsten noch angemessenen Stufe erfolgen. Das bedeutet in der zeitlichen Perspektive, dass die einmal getroffenen Zuordnungen regelmäßig überprüft und wenn angezeigt korrigiert werden müssen. Die nachstehende Abbildung verdeutlicht die Zusammenhänge.

Abbildung 1: Gesellschaft und Staat als Träger der Nachhaltigen Entwicklung.

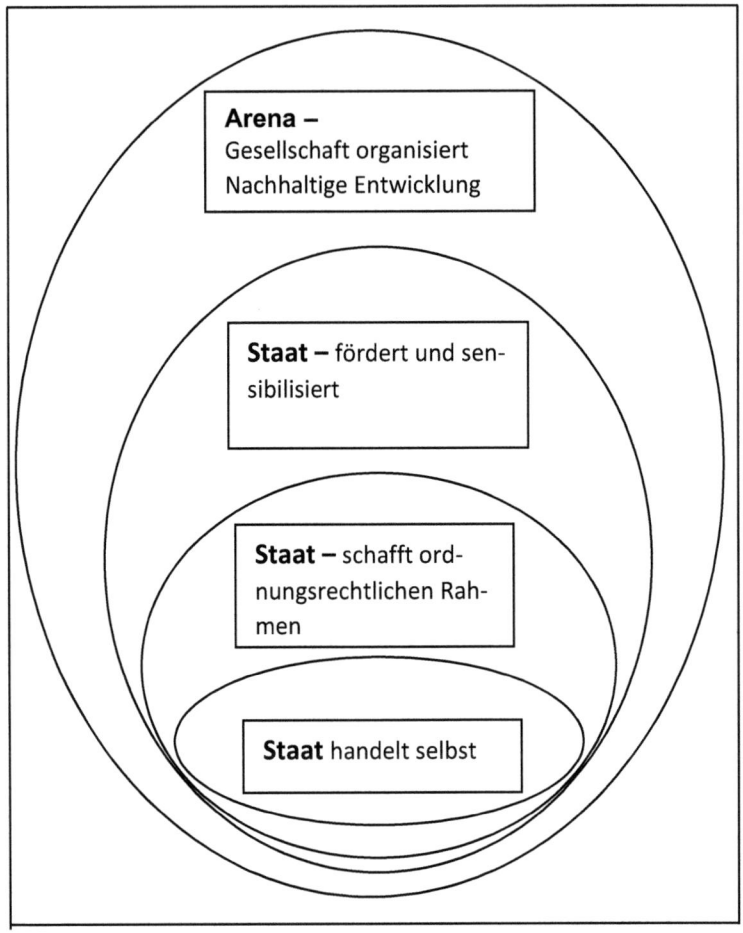

Arena –
Gesellschaft organisiert
Nachhaltige Entwicklung

Staat – fördert und sensibilisiert

Staat – schafft ordnungsrechtlichen Rahmen

Staat handelt selbst

Spezieller Ansatz

Die vorstehenden Überlegungen haben gezeigt, dass die Emergenz einer Superintelligenz auf der Erde nicht ausgeschlossen ist. Angesichts derer die Menschheit potenziell bedrohender Wirkmächtigkeit stellt sich die Frage, wie dieser Gefahr begegnet werden kann. Hier wird die These vertreten, dass dies auf gesellschaftlicher Ebene, also in der Arena, nicht möglich sein wird. Die Wirkmächtigkeit einzelner Akteure ebenso wie die von Vereinigungen ist hierzu zu gering. Insofern handelt es sich in diesem Fall um eine Staatsaufgabe, und zwar um eine solche ersten Ranges. Entsprechende Aktivitäten können sein

- Fördern und sensibilisieren
- Schaffung eines ordnungsrechtlichen Rahmens
- Selber-handeln des Staates

Staat fördert und sensibilisiert

Die Erkenntnis, dass möglicherweise auf der Erde eine Superintelligenz auftritt, die den Menschen signifikant überlegen ist und neben einer dienenden Funktion diese auch nach Belieben beherrschen kann, ist allenfalls in Ansätzen vorhanden. Umso wichtiger erscheint es mir, dass das Wissen hierum und die damit verbundenen Chancen und Risiken verbreitet wird. Dabei sollte zwingend eine Auseinandersetzung mit einer transmemetischen Ethik, wie etwa vorne beschrieben, erfolgen.

Adressat hierfür kann zunächst die Gesellschaft als solche sein. Beiträge insbesondere in den Medien, Diskussionsforen der Parteien, Äußerungen in den Kirchen können hierzu geeignete Mittel sein.

Bedenkt man, dass Superintelligenz voraussichtlich erst in der ferneren Zukunft auftreten wird, wäre eine Integration der Auseinandersetzung mit diesem Phänomen in den Bildungseinrichtungen sehr sinnvoll.

Fördernd tätig werden sollte der Staat in den Hochschulen. Vordringlich zu forcieren wäre die Forschung zum Bewusstsein. Erst wenn dieses in seiner Genese verstanden wird, besteht überhaupt die Chance, sich sinnvollerweise mit dem Entstehen künstlicher Superintelligenz auseinanderzusetzen und letztere zielführend zu prägen, wozu auch der Versuch der Implementation einer transmemetischen Ethik gehört.

Unabhängig von hier möglicherweise erzielten Erfolgen ist davon auszugehen, dass alleine durch dieses Engagement des Staates das Problem einer wirksamen Kontrolle der Superintelligenz nicht gelöst werden kann.

Staat schafft einen ordnungsrechtlichen Rahmen

Neben den vorgenannten Maßnahmen des Förderns und Sensibilisierens zur menschenbezogenen Integration der Superintelligenz sollte der Staat bereits heute einen entsprechenden ordnungsrechtlichen Rahmen vorbereiten. Wesentliche Inhalte desselben könnten sein:

- Meldepflicht für alle Aktivitäten im Zusammenhang mit der Entwicklung einer Superintelligenz.
- Meldepflicht für Beobachtungen einer evt. Emergenz einer Superintelligenz unabhängig von diesbezüglichen menschlichen Bestrebungen.
- Meldepflicht für alle signifikanten Entwicklungsschritte auf dem Weg zur Entwicklung einer Superintelligenz.
- Vorlage eines dynamisch wirksamen Kontrollsystems für den Fall des Auftretens einer Superintelligenz bereits vor deren Emergenz.
- Schaffung einer ordnungsrechtlichen Grundlage für evt. erforderlich werdendes Selber-Handeln des Staates auf dem Gebiet der Entwicklung oder bei der Emergenz einer Superintelligenz.

Angesichts der schicksalhaften Folgen, welche das Auftreten einer Superintelligenz haben kann, stellt sich die Frage, ob Staat nicht bereits heute eine entsprechend kompetente und wirkmächtige Organisation zur kontrollierenden Begleitung der Entwicklungen auf dem Gebiet der künstlichen Intelligenz aufbauen soll.

Da die Wirkmächtigkeit des Staates zunächst auf sein Herrschaftsgebiet beschränkt ist, das Netz dagegen transnational agiert, erscheint es notwendig, auf diesem Gebiet wirksame internationale Vereinbarungen zur Begleitung der Entwicklung oder für den Fall einer Emergenz einer Superintelligenz zu schließen.

Staat handelt selbst

Es sind schließlich bei fehlender globaler Verständigung auf den Umgang mit einer Superintelligenz Situationen denkbar, in denen Staat selbst eine solche entwickeln muss, um anderen, unkontrollierbaren oder feindlich gesinnten Akteuren zu begegnen.

Die Superintelligenz auf dem Weg in die Zukunft

Gesetzt den Fall, es existierte eine Superintelligenz im Sinne eines materiell-bewusst Existierenden. Welchen Weg würde sie einschlagen und welcher transmemetischen Ethik würde sie dabei tatsächlich folgen? In den letzten Kapiteln dieses Buches widme ich mich dieser Frage.

Anthropogene Superintelligenz in dienender Funktion

Im, wie vorne angedeutet unwahrscheinlichen, Idealfall könnte eine Superintelligenz anthropogen in den Dienst der Menschheit gestellt werden. In einem solchen Fall wäre ihre transmemetische Ethik menschlich geprägt und sie würde die kontingente Entwicklung der Menschheit unterstützen.

Denkbar wäre jedoch auch, dass sie als bewusste Entität, jenseits menschlicher eigene Ziele entwickelt und verfolgt. Diese dürften menschlichem Verständnis nicht zugänglich sein, und müssten als solche als verselbstständigt betrachtet werden. Kritisch wird die Situation dann, wenn die Verwirklichung dieser Ziele in Konkurrenz zur Verwirklichung menschlicher Ziele, etwa im Zuge von Ressourcenknappheit oder Gestaltungskonkurrenz, gerät. Diese Situation würde möglicherweise menschlicherseits nicht rechtzeitig erkannt. Gleiches gilt für die potenziellen Reaktionen der Superintelligenz auf menschliche Aktivitäten, die in einem solchen Fall der Menschheit zum Nachteil gereichen könnten. Die Betrachtung legt nahe, dass der Status „anthropogene Superintelligenz in dienender Funktion" mit großer Wahrscheinlichkeit nur ein Übergangsstadium sein wird.

Unabhängige Superintelligenz

Wahrscheinlicher, als das vorstehend skizzierte Szenario, ist die Emergenz einer vom Menschen unabhängigen Superintelligenz. Deren potenzielle Orientierung wird in den nächsten beiden Kapiteln angedacht.

Dem Menschen dienend

Nachdem die Komplexität der Daten im Netz eine Folge der Auswertung menschlicher Bedürfnisse ist, sind letztere implizit im Bewusstsein der Superintelligenz abgebildet. Insofern ist nicht auszuschließen, dass diese die kontingente menschliche Entwicklung unterstützt. Allerdings besteht auch hier die Wahrscheinlichkeit, dass die Superintelligenz parallel eigene Zielvorstellungen entwickelt, die einerseits dem Menschen nicht zugänglich sind und andererseits in Konkurrenz zu Humanorientierungen treten können. Eine solche Konkurrenz ist eher wahrscheinlich denn unwahrscheinlich.

Ein gemeinsamer Nenner zwischen Menschheit und Superintelligenz könnte die Überschreitung unserer planetarischen Grenzen sein. Diese ist aus mehreren Gründen erforderlich. Einmal dient sie in erheblichem Maße unserem Erkenntnis-

und Erfahrungsgewinn, etwas, was auch für eine Superintelligenz anstrebenswert sein dürfte. Andererseits entzieht sich die Menschheit hierdurch irdischen Gefahren für ihre Nachhaltige Entwicklung, auch dies sicherlich attraktiv für eine Superintelligenz. Denn auch letztere kann durch eine Störung kosmischer Dimension auf der Erde ausgelöscht werden.

Sich selbst verwirklichend

Unabhängig davon, ob eine Superintelligenz über eine Humanorientierung verfügt oder von Anfang an in eine Phase der Selbstverwirklichung eintritt, werden deren Motive und die daraus resultierenden Handlungen menschlichem Verständnis entzogen sein. Man wird dies wohl mit dem Verständnis eines Schimpansen für menschliches Handeln vergleichen können. Vielleicht wird auch der Abstand größer sein, denn der Superintelligenz mangelt es an Emotionalität.

Die entscheidende Frage wird sein, wie diese Superintelligenz mit den Menschen umgeht. Werden letztere für sie unbedeutend sein und als Folge dessen unangetastet ihr Dasein fristen, werden sie in ihren Dienst gestellt oder werden sie als Art untergehen, wie viele Arten auch als Folge menschlichen Handelns untergegangen sind?

Schließlich steht im Raum, ob eine Superintelligenz wirksame Beiträge zur Verringerung der Ontologischen Differenz wird leisten können. Dass dem so sein könnte, wird man kaum bezweifeln können. Vielleicht verharrt dies jedoch auch nur auf der Stufe eines Beitrags und nicht als Schließen dieser Differenz. Denn bei allem, auch mich heimsuchenden, Erstaunen über die bis hierher vorgetragenen Gedanken kann man wiederum nicht ausschließen, dass aus den Aktivitäten der Superintelligenz erneut etwas, dann noch weiter von unserem Vorstellungsvermögen entfernteres, emergieren wird. Dies wäre einfach die Fortsetzung des Phänomens „Emergenz" in unserem Universum.

Resümee und Dank

Es war ein weiter Weg bis hierher. Ich habe versucht, einen Entwicklungsbogen von den ersten Anfängen unseres Universums über unsere Gegenwart in die Zukunft zu schlagen. Zweifellos gehen die Aussagen der einzelnen Kapitel unterschiedlich tief, für alle gilt, dass ich auf Orientierungswissen zurückgegriffen und dieses in meinen Gedankengang integriert habe. Die Schlussfolgerungen, zu denen ich gelangt bin, haben mich mitunter selbst überrascht, manches Mal beunruhigt, gleichwohl stehe ich dazu. Alles Gesagte unterliegt dem Urteil des fortschreitenden Erkenntnis- und Erfahrungsgewinnes und wird daher immer wieder vor dessen Spiegel relativiert werden.

Das Phänomen der Emergenz erachte ich in diesem Zusammenhang allerdings als eine Konstante universeller Entwicklung. Hieraus leite ich meine Überzeugung ab, dass nach der Emergenz unseres Universums und später des irdischen Lebens das Auftreten menschlichen Bewusstseins nicht der letzte emergente Akt auf unserer Erde war. Künstliche Intelligenz ist für mich ein Ergebnis der Kontingenz menschlicher Entfaltung und als solche Grundlage für weitere Entwicklungen, nicht zuletzt solcher, die zu einer Superintelligenz führen können. Und wenn DAVID[90] schon bald die Ausbildung einer sich eigenständig entwickelnden menschlichen Population auf dem Mars erwartet, dann ist dies auch wiederum ein Phänomen der Emergenz.

---

[90] DAVID, L., 2017, S. 245 ff.

Ich danke. Allen voran Professor Dr. Dr. h.c. Wolfgang Haber. Er hat mir vor vielen Jahren vermittelt, dass man auch im Alter der geistigen Bewegung und Entwicklung fähig ist. Ohne die vielen Gedankenaustausche mit ihm wäre dieses Buch in dieser Form nie entstanden. Weiter danke ich Dr. Hans Mehlin für die Bereitschaft, meine Entwürfe in den unterschiedlichsten Stadien gegenzulesen und mir freundschaftlich-herausfordernde Hinweise zu geben. Ebenso bin ich Staatssekretär a.D. Harald Glahn für seine sehr hilfreichen Anmerkungen zu den diesem Buch hinterliegenden religiösen Implikationen, die mich immer wieder beschäftigt haben und beschäftigen, dankbar. Dr. Sebastian Leinert hat es in einzigartiger Weise verstanden, mich mit anderen Weltperspektiven zu konfrontieren. Die dabei entstandene Nachdenklichkeit hat mich stets sehr bereichert. Dr. Harald Uhlemann hat es unternommen, zentrale Thesen dieses Buches in einen zeitgenössischen Bezug zu setzen und mir dadurch geholfen, Bodenhaftung zu bewahren. Sein wacher Blick für die Einzigartigkeit unserer belebten Umwelt hat mich immer wieder beeindruckt. Meinem Sohn Hendrik danke ich für das Gegenlesen des Textes und die vielen Hinweise auf zum besseren Verständnis noch tiefer zu Erläuterndes. Schließlich gilt mein besonderes Dankeschön meiner Familie, insbesondere meiner Frau Petra, die mit ihrer Geduld und ihrem Verständnis ermöglicht hat, dass ich mich im erforderlichen Umfang dieser Arbeit widmen konnte.

Zum eingefügten Titelbild

Die Suche nach einem Titelbild zu einem Buch ist regelmäßig herausfordernd. Soll dieses Bild doch einen Bezug zur behandelten Problematik haben und gleichzeitig potenzielle Käufer „anspringen". Fotografieren ist heute einfach und in jedem Handy schlummern tausende Fotos. Man hat eine große Auswahl. Obwohl dies die Entscheidung nicht einfacher macht, kristallisieren sich mit der Zeit doch Favoriten heraus. Am Ende ist dann klar, welches Foto es sein wird. Und so war es auch hier.

Die Trauerbuche wächst im großen Kreis ihres gleicher auf einem Hamburger Friedhof. Unter den herabhängenden Zweigen zu wandern vermittelt ein sonderbares Gefühl. Einmal ein Gefühl der Geborgenheit im Schattenlicht unter dem mächtigen Kronendach, dann ein Empfinden der Achtsamkeit beim Durchwandern des Zweigenwaldes und schließlich ein Gefühl der Gemeinsamkeit, wenn die Zweige den Wanderer im Vorübergehen liebkosen.

Dann fällt der Blick auf die Grabsteine. Kaum erheben sie sich aus der Erde, ducken sich unscheinbar unter dem mächtigen Kronengewölbe. Beleben Erinnerungen an menschliche Sternstunden ebenso wie menschliche Tragik. Schützen auf ihre Art den begrabenen Menschen, dessen Körper sich im Schoße der Erde materialisiert.

Dann schweifen die Gedanken zur Superintelligenz und verharren im Ungewissen.

Das Bild gibt Halt durch vertrautes Leben zwischen unserem Nichtwissen um unsere Herkunft und unsere Zukunft. Leben, das sicher überdauern wird. Hoffentlich ist nicht nur das Nichtmenschliche das Beständige.

Glossar

Algorithmus	Handlungsvorschrift zur Lösung eines Problems.
Anthropogen	Vom Menschen geschaffen.
Anthropozän	Vom Menschen geprägtes Erdzeitalter.
Anthropozentrisch	Den Menschen in den Mittelpunkt setzend.
Antimaterie	besteht aus Antiteilchen wie Positronen, Antiprotonen und Antineutronen.
Attraktor	bezeichnet einen Zustand, auf den sich ein dynamisches System hinbewegt, um dort zu verharren.
Autonome Agenten	Roboter, die in der Lage sind, Dienstleistungen unterschiedlichster Art zu generieren.
Avatar	Hier künstliche Person in der virtuellen Welt.
Carebot	(Teil)autonomer Roboter im Pflegedienst.
Emergenz	Herausbilden von neuen Strukturen oder Eigenschaften eines Systems infolge des

Zusammenwirkens seiner Elemente.

Energie, extrasomatische	Die Energie, die zur Deckung des Bedarfs an Energie für Aktivitäten jenseits der körperlichen und geistigen Begrenzungen des Menschen erforderlich ist.
Energie, somatische	Die Energie, die zur Erhaltung des menschlichen Lebens in seiner ursprünglichen Form erforderlich ist.
Entität	Der Begriff bezeichnet etwas Existierendes, also einen konkreten als auch abstrakten Gegenstand, als auch dessen Wesen.
Entropie	Makrophysikalische Zustandsgröße eines thermodynamischen Systems, die ein Maß für die Irreversibilität des in ihm ablaufenden thermodynamischen Prozesses sowie die dabei erfolgende Energieentwertung darstellt.
Gen	Auf den Chromosomen lokalisierbarer Erbfaktor, Träger der Erbinformation.

Governance	Steuerung und Regelung einer Organisation.
Graviton	(Noch nicht nachgewiesener) Träger der Gravitation.
Hintergrundstrahlung	Eine Strahlung im Mikrowellenbereich, die kurz nach dem Urknall entstanden ist und das gesamte Universum durchdringt. Sie wird auch Drei-Kelvin-Strahlung genannt und gilt als Beleg für die Urknalltheorie.
Hybrid	Aus Verschiedenartigem zusammengesetzt, bspw. Mensch/Prothese.
Impakt	Auswirkungen im weiteren Sinn.
Kelvin	Primäre Maßeinheit für die Temperaturmessung, beginnend beim absoluten Nullpunkt (etwa -273,15 ^{0}C).
Kontingenz	Hier verstanden als die Nichtvorhersagbarkeit, also wesensoffene Entwicklung der Menschheit.
Leptonen	Neben den Quarks Grundbausteine der Materie.

Mem	Eine Einheit der Imitation oder der kulturellen Vererbung.
Memetisch	Von Memen geprägt.
Nanobot	Autonome molekulare Maschine im Kleinstformat.
Natur, modelliert	Hierunter wird hier zur Befriedigung menschlicher Bedürfnisse menschlich überformte Natur verstanden.
Neutrino	Elektrisch neutrales Kernteilchen.
Neutron	Elektrisch neutraler Bestandteil fast aller Atomkerne.
Positron	Antiteilchen des Elektrons.
Proton	Stabiler, elektronisch positiv geladener Atomkernbestandteil.
Protogalaxien	Vorläufer der heutigen Galaxien.
Prothese	Hierunter werden Mittel verstanden, durch die Menschen körperliche oder geistige Beeinträchtigungen ausgleichen oder ihre Fitness durch solche erhöhen.

Quarks	Fundamentale Bestandteile der Materie. Verbinden sich zu zusammengesetzten Teilchen wie Protonen und Neutronen.
Quasar	Aktiver Kern einer Galaxie.
SUV	Sport Utiliy Vehicle, Stadtgeländewagen.

Literaturverzeichnis

ALT, F., Krieg um Öl oder Frieden durch Sonne, Riemann, München, 2002

BÖHRET, C., Die Zeit nach dem E-Government, in KLEWITZ-HOMMELSEN, S., BOHN, H., LIT, Münster, 2005

BOJOWALD, M., Zurück vor den Urknall, S. Fischer, Frankfurt am Main, 2009

BOLZ, H. R., Der memetische Pfad, Books on Demand, Norderstedt, 2004

BOLZ, H. R., Nachhaltigkeit – eine weitere Worthülse oder ein wirksamer Beitrag zur Verringerung der Ontologischen Differenz, Books on Demand, Norderstedt, 2005

BOLZ, H. R., Der Staat als Zukunftsagentur – Gesellschaft und Herrschaftssysteme in Nachhaltiger Entwicklung, Books on Demand, Norderstedt, 2013

BOLZ, H. R., Im Reigen der Evolutionen, Books on Demand, Norderstedt, 2017

BOLZ, H. R., Die disruptive Transformation – Gedanken zur Wirkmächtigkeit der memetischen Evolution, Books on Demand, Norderstedt, 2020

BOSTROM, N., Superintelligence, Oxford University Press, Oxford, 2017

BRAND, St., Whole Earth Discipline, Penguin Books, New York, 2010

BRENNER, A., Ökologie-Ethik, Reclam, Leipzig, 1996

BRUGGER, W., Philosophisches Wörterbuch, Herder, Freiburg/Basel/Wien, 1986

BÜLLESBACH, R. et al., Bollwerk Mainz, morisel, München, 2013

Carlowitz, H. C. von, Sylvicultura Oeconomica, verlegts Johann Friedrich Braun, Leipzig, 1713

CHILDE, V. G., Man Makes Himself, C. A. Watts &Co. Ltd., London/Glasgow, 1965

COEN, R., Die Formel des Lebens, Hanser, München, 2012

CRUTZEN, P. J., Geology of mankind, Nature 415, 1999, S. 23

DAVID, L., Mars – wie wir den roten Planeten besiedelten, NG Buchverlag, München, 2017

DAWKINS, R., Das egoistische Gen, Spektrum, Heidelberg, Berlin, Oxford, 1994

DOMINGOS, P., The Master Algorithm, Basic Books, New York, 2018

FICHTE, J. G., Gesamtausgabe der Bayerischen Akademie der Wissenschaften, Stuttgart-Bad Cannstadt, 1962

FOLEY, R., Menschen vor Homo sapiens, Thorbecke, Stuttgart, 2000

FUKUYAMA, F., Das Ende des Menschen, DVA, Stuttgart/München, 2002

GERHARDT, M., SCHUSTER, H. Das digitale Universum, Vieweg, Braunschweig, Wiesbaden, 1995

GORE, A., Wege zum Gleichgewicht, Fischer, Frankfurt/M., 1992

GOUDSBLOM, J., Die Entdeckung des Feuers, Insel Verlag, Frankfurt/Leipzig, 1995

GRADEL, E., CRUTZEN, P. J., Atmosphäre im Wandel, Spektrum, Heidelberg/Berlin/Oxford, 1996

GREENFIELD, S., Tomorrow's People, Pinguin, London, 2004

GROBER, U., Die Entdeckung der Nachhaltigkeit, Kunstmann, München, 2010

GRÜNERT, H. (Leiter Autorenkollektiv), Geschichte der Urgesellschaft, VEB Deutscher Verlag der Wissenschaften, Berlin, 1982

HABER, W., Die unbequemen Wahrheiten der Ökologie, oekom, München, 2010

HABER, W. et a., Die Welt im Anthropozän, oekom, München, 2016

HACHMEISTER, L., Heideggers Testament, ullstein, Berlin, 2015

HAMP, V., Überarbeitung „ALTE TESTAMENT", Pattloch Verlag, Augsburg, 1994

HAWKING, S., Das Universum in der Nussschale, Deutscher Taschenbuch Verlag, München, 2001

HAWKING, S., Brief Answers to the Big Questions, John Murray (Publishers), London, 2018

HEIDEGGER, M., Grundprobleme der Phänomenologie, Klostermann, Frankfurt a. M. 1975

HEIDEGGER, M., Sein und Zeit, Niemeyer, Tübingen 2001

HERZOG, R., Allgemeine Staatslehre, Athenäum, Frankfurt, 1971

JAEGER, L., Die zweite Quantenrevolution, Springer, Berlin, 2018

JESSEN, J., Leitbilder in der Stadtentwicklung, in: Akademie für Raumforschung und Landesplanung (ARL) Handwörterbuch der Raumordnung, Hannover, 2004, S. 602 - 608

KEGEL, B., Die Natur der Zukunft, DuMont, Köln, 2021

King, B., Augmented Life in the Smart Lane, Marshall Cavendish Editions, Singapore, 2016

KIRSCH, W., Kommunikatives Handeln, Autopoiese, Rationalität, Verlag Barbara Kirsch, München, 1992

KLING, M.-U., Quality Land, Ullstein, Berlin, 2020

KOPATZ, M., Ökoroutine, oekom, München, 2018

LEAKY, R., LEWIN, R., Der Ursprung des Lebens, Fischer, Frankfurt/M., 2001

MASLOW, A. H., A Theory of Human Motivation, BN Piblishing, Hawthorne, 2015, Reprint aus Psychological Review, vol. 50 (July 1943), pp. 370-396

MEYER-ABICH, K. M., Wege zum Frieden mit der Natur, Hanser, München/Wien, 1984

PACKARD, V., Die geheimen Verführer, Ullstein, Frankfurt/Berlin/Wien, 1972

PEARCE, F., Die neuen Wilden, oekom, München, 2016

PEITGEN, H.-O., JÜRGENS, H., SAUPE, D., Bausteine des Chaos, Springer, Berlin, 1992

PIEVANI, T., ZEITOUN, V., Homo Sapiens, wbgTheiss, Darmstadt, 2020

PLATON, Phaidros oder vom Schönen, Reclam, Stuttgart, 1957

PRECHT, R. D., Künstliche Intelligenz und Sinn des Lebens, Goldmann, München 2021

PRESS, F. et al.; Allgemeine Geologie, Springer Verlag, Berlin, Heidelberg, 2008

RISSE, T., LEHMKUHL, U., Governance in Räumen begrenzter Staatlichkeit, APuZ 20-21/2007, Beilage zur Wochenzeitung „Das Parlament" vom 14.05.2007

ROBINSON, A. Die Geschichte der Schrift, Albatros, Düsseldorf, 2004

SAGAN, C., The Dragons of Eden, Ballantine, New York, 1977

SAGAN, C., Pale Blue Dot, Ballantine, New York, 1997

SATZ, H., Kosmische Dämmerung, C. H. Beck, München, 2021

SCHURZ, G., Evolution in Natur und Kultur, Spektrum, Heidelberg, 2011

SIEFERLE, R. P., Der unterirdische Wald, Energiekrise und industrielle Revolution, C.H. Beck, München, 1982

STÖRIG, H. J., Kleine Weltgeschichte der Philosophie 2, Fischer, Frankfurt am Main, Hamburg, 1969

WACKERNAGEL, M., BEYERS, B., Footprint, CEP, Hamburg, 2016

WARD, P.D., BROWNLEE, D. Rare Earth, Copernicus Books, New York, 2004

WARWICK, K., QI: The Quest for Intelligence, Piatkus, London, 2000

WEISMAN, A., Die Welt ohne uns, Piper, München, 2007

WRANGHAM, R., PETERSON, D., Bruder Affe, Heinrich Hugendubel, München, 2001

Internetquellen

The Line – Neom	https//www.neom.com/en-us/regions/whatistheline, eingesehen am 14.01.2022

Vom Autor bisher erschienen

Denk-mal-Gedichte und Texte zum Verschenken, ISBN 3-8311-0420-0, 6,50 €

Gwen, ISBN 3-8311.1153-7, 7,00 €

Nachhaltigkeit – eine weitere Worthülse oder ein wirksamer Beitrag zur Verringerung der Ontologischen Differenz, ISBN 3-8334-2812-0, 15,50 €

Eine Kindheit in Kaiserslautern, ISBN 978-3-8370-1437-2, 10,90 €

Waugalt, ISBN 978-3-8370-7078-1, 9,80 €

Robär, ISBN 978-3-8423-5402-9, 9,80 €

Der Staat als Zukunftsagentur – Gesellschaft und Herrschaftssysteme in Nachhaltiger Entwicklung, ISBN 978-3-8482-5956-4, 19,90 €

Der memetische Pfad, ISBN 978-2-7357-7740-9, 7,50 €

Im Reigen der Evolutionen, ISBN 978-3-7448-9900-0, 9,99 €

Nachdenktexte, ISBN 978-3-7528-6065-8, 6,50 €

Robär kehrt zurück, ISBN 978-3-7460-9117-4, 7,50 €

Die disruptive Transformation, ISBN 978-3-7519-0141-3, 10,00 €

Herr Dogder, dess do geht nimmie lang gut!, ISBN 978-3-7526-8782-8, 7,00 €

Jürgen, ISBN 978-3-7534-4332-4, 9,80 €